好父母都是故事大王

最佳亲子互动读本

沛泽妈 · 著

企业管理出版社
ENTERPRISE MANAGEMENT PUBLISHING HOUSE

图书在版编目（CIP）数据

好父母都是故事大王 / 沛泽妈著. —北京：企业管理出版社，2014.5

ISBN 978-7-5164-0781-3

Ⅰ.①好… Ⅱ.①沛… Ⅲ.①家庭教育—通俗读物 Ⅳ.①G78

中国版本图书馆CIP数据核字（2014）第067736号

书　　名：	好父母都是故事大王
作　　者：	沛泽妈
责任编辑：	张　羿
书　　号：	ISBN 978-7-5164-0781-3
出版发行：	企业管理出版社
地　　址：	北京市海淀区紫竹院南路17号　邮编:100048
网　　址：	http://www.emph.cn
电　　话：	编辑部（010）68453201　发行部（010）68701638
电子信箱：	80147@sina.cn　zhs@emph.cn
印　　刷：	香河闻泰印刷包装有限公司
经　　销：	新华书店
规　　格：	160毫米×230毫米　16开本　14.5印张　180千字
版　　次：	2014年5月第1版　2014年5月第1次印刷
定　　价：	29.80元

版权所有　翻印必究·印装错误　负责调换

让敏感期的孩子在故事中成长

身为父母都会考虑这样一个问题：如何教育才能让孩子成才？这是一个复杂、神圣，且充满智慧的问题。我国有句俗语叫"三岁看大，七岁看老"，这也从某种程度上说明教育要从娃娃抓起。

因为婴幼儿时期是孩子神经系统发育最快、各种潜能开发最为关键的时期，根据敏感期和大脑发育理论，人类对各种信息和各项能力发展的敏感期都集中出现在生命的最初几年，这个时期是人一生中独特和重要的发展阶段，是宝宝获得智慧的最佳时机。

既然如此，我们该如何抓住这个时期，对孩子进行哪些教育呢？有的家长认为应该让孩子多认字，多背古诗，学习好数学；有的家长则认为应该让孩子全面发展，学习钢琴，学习美术，学习舞蹈；有的家长则认为应该让孩子痛痛快快地玩，玩就是最好的学习……

我认为婴幼儿时期的教育重点应是给孩子提供一个教育营养丰富的环境，对孩子的大脑发育和人格成长进行"激活"，为其日后的发展奠定一个坚实的基础。遗憾的是，现在有许多家长对孩子的教育出现了拔苗助长、跟风的现象，不考虑孩子成长的规律，不尊重孩子的个性发展，采取填鸭式的教育，这势必挫伤孩子学习的积极性。

好父母都是故事大王

　　学龄前幼儿注意力集中时间很短，若没有兴趣，让孩子安安静静地坐上半个小时几乎是不可能的。所以，要让孩子学习，就必须挖掘孩子的兴趣，有了兴趣，孩子才愿意学，才能快乐地学。

　　沛泽两岁的时候，我发现他特别喜欢车，在大街上看到车就会盯着看好久，我从中受到启发，每次看到车的时候，我就会问儿子：这个车是什么颜色的？你知道它的车牌号是多少吗？

　　这样一来，沛泽不仅认识了颜色，还认识了阿拉伯数字。之后，结合孩子的这个特点，我买了一些有关车的幼儿书籍，教他认识字，因为有兴趣，孩子学得很快，也很开心。

　　所以，对于学龄前幼儿的教育一定要与孩子的爱好相结合，这个时期的孩子有一个共同的爱好，那就是听故事，故事是孩子最好的教材，是孩子最好的老师。所以，我结合孩子的这一特点，以讲故事的形式来实现教育孩子的目的，让孩子在故事中学到知识，增长本领。

　　另外，本书还充分考虑了家长的需求，列举了家长普遍关心的热点，比如，怎样纠正孩子的坏习惯、增强孩子的安全意识、培养孩子的良好性格、提高孩子适应社会的能力等六大方面，与您共同探讨孩子在成长过程中遇到的问题，为您答疑解惑，让您与宝宝一起快乐成长！

　　最后，在本书的创作过程中，很多家长都给我提出了宝贵的建议和意见，如：杨文忠、陈艳梅、王少宇、林少俊、肖晖、杨果、周海英、周以云、张贤军、李宏龙等，在此，我一并表示诚挚的感谢！

目录
CONTENTS

第一章

孩子有坏习惯怎么办

邋遢大王不见了——谈幼儿卫生习惯的养成	/ 2
"破坏大王"的心里话——引导孩子爱惜物品并不难	/ 8
不爱睡觉的小家伙——按时作息习惯早养成	/ 13
"忙碌"的邻家小孩——孩子热心公益的真相	/ 17
挑食的牛牛——都是挑食惹的祸	/ 22
妈妈,你来帮我——独立生活习惯的养成	/ 27

剩饭的淘气鬼——勤俭节约从小事做起 / 32

"拖拖"宝贝——孩子总是拖拉怎么办 / 37

第二章

引导孩子改正错误

家里有个"小暴君"——孩子爱发脾气是怎么回事 / 42

我要换一个爸爸——孩子爱炫耀为哪般 / 47

丢三落四的"小马虎"——我们一起来给物品找家 / 52

子不教父之过——礼貌是为人的第一堂课 / 56

我的孩子是小偷吗——别轻易给孩子贴标签 / 60

请把事实悄悄告诉妈妈——孩子并不是天生会说谎 / 66

我分享,我快乐——不做自私的小气鬼 / 69

第三章

增强孩子的安全意识

住楼房安全须知——宝宝,请远离窗户 / 76

家里来了不速之客——陌生人"叫门"巧应对 / 79

110的用途——与父母走散怎么办 / 84

119的用途——假如家里失火了 / 88

120的用途——如果奶奶生病了 / 91

远离性侵害——性教育要从娃娃抓起 / 96

熟记乘车安全法则——警惕幼儿乘车安全隐患 / 100

第四章

培养孩子良好的性格

"胆小鬼"的蜕变——让孩子勇敢起来 / 106

给"急性子"宝宝来降火 ——急躁的孩子怎么教 / 111

宝宝你很棒——自信的孩子有未来 / 115

爱问为什么的宝宝——托起孩子的好奇心 / 120

不是我的错——孩子没有责任心是谁的错 / 125

今日事今日毕——幼儿自律能力培养 / 130

爱翘尾巴的"孔雀公主"——谦虚会让孩子走得更远 / 134

我来帮助你吧——呵护幼儿的爱心 / 139

我已经原谅你了——让孩子学会宽容与爱 / 144

第五章

提高孩子适应社会的能力

让孩子学会交朋友——朋友多,快乐才多 / 152

分享的快乐——分享才能得到 / 157

学会与他人合作——幼儿一生都受用的本领 / 162

如果不高兴就哭出来吧——引导孩子正确发泄不良情绪　　／ 167

孩子，你为何爱动武——提升沟通与交流的能力　　／ 173

做一个坚强的小男子汉——挫折教育是孩子不可或缺的爱　　／ 178

只有坚持不懈才能成功——浅谈幼儿坚持性的培养　　／ 183

第六章

帮助孩子储蓄未来

金钱是怎么来的——在劳动中体现自我价值　　／ 192

爱财要取之有道——如何应对孩子"偷钱"行为　　／ 197

培养孩子的财商——给孩子一个美好的未来　　／ 202

教孩子学会有计划地花钱——零花钱该怎么花　　／ 206

宝宝的理财经——理财从压岁钱开始　　／ 211

告别铺张浪费——让孩子成为精明的消费者　　／ 216

树立正确的金钱观——别让孩子成为金钱的奴隶　　／ 220

第一章

孩子有坏习惯怎么办

邋遢大王不见了——谈幼儿卫生习惯的养成

前段时间，我一直为家里有个邋遢大王而烦恼。儿子今年四岁了，在幼儿园上中班。每天早上，我都会给儿子换上干净的衣服，可等到晚上一回来，衣服就面目全非了，浑身弄得脏兮兮的，有时衣服还会破几个洞，或者粘着米饭粒。我是既生气，又无奈，唯一能做的就是跟在他屁股后头收拾，从上到下给他洗一遍。

可这并不是一件容易的事情，就拿洗澡来说吧，就好比一场攻坚战，先是政策说服，儿子无动于衷，然后采取强攻，我和老公齐上阵，把他按在澡盆里洗澡，儿子大哭大闹，不知道的还以为我们虐待孩子呢，洗一次澡，弄得一家人都精疲力竭。

还有，早晚刷牙、饭前便后洗手，这些讲卫生的行为，我不知道每天要婆婆妈妈地重复多少遍，儿子才会磨磨蹭蹭，极不情愿地照做。由于儿子不讲卫生，常闹肚子痛，牙齿也虫蛀了不少，自然去医院的次数就多了，我和老公都非常着急。

一天，我和儿子聊天，我问他，每次妈妈叫你去洗手的时候，你为什么都不愿意去呢？儿子是这样回答我的：我一天要吃三次饭，去好几次厕所，每次都要洗手，好麻烦，我觉得我的手好干净，看不到有虫子爬，为什么要洗手呢？

原来，儿子平时不爱干净，是因为他不知道为什么要爱干净，讲卫

第一章　孩子有坏习惯怎么办

生对他有什么作用和意义，我本来想给他讲一通大道理，但是反过来一想，讲这些，他也许根本听不进去，反而觉得我好烦，还会使他的逆反心理更强。

怎么办呢？我想了一想，何不给儿子讲个故事听听呢？于是，我对儿子说，我给你讲个《小脏猪》的故事好不好？他拍手叫好。听完故事，儿子好像明白了什么似的，睁大眼睛看着我。

于是，我趁热打铁，结合故事，问了几个问题，启发儿子思考讲卫生的好处，最后，儿子竟然认真地对我说："妈妈，以后我一定做个讲卫生的好孩子，那样我就不会肚子痛了。"从那以后，儿子变了很多，饭前便后会主动洗手了，还经常监督我和他爸爸也要这样做呢。

通过这件事，我突然觉得孩子不讲卫生不是孩子的错，而是我们大人的错，很多时候我们只知道告诉孩子该这样做，不该那样做，却没有告诉孩子为什么，孩子不愿意一味地接受大人的指挥，所以，他们当然不会听我们的话，甚至和我们作对。

"我说过多少次了？怎么总记不住呢？要……不要……"这是我们在教育孩子的时候最常说的话，我们总是错误地认为，多说几遍，孩子就记住了。其实，这样做对于孩子自觉主动地养成讲卫生的习惯并不明显，要让孩子养成注意个人卫生的习惯，不能一再地唠叨、敦促，而要正确引导，以孩子能够理解、能够接受的方式告诉他讲卫生的重要性。

宝宝听故事

小 脏 猪

森林里住着很多小动物,每天天一亮,小动物就跑到外面来晒太阳,做游戏。只有小猪哼哼一个人,没有人愿意和它做游戏。哼哼长着大大的耳朵,长长的鼻子,圆圆的脸蛋,非常可爱,可它有一个坏习惯,就是不讲卫生,成天在地上打滚,也不爱洗澡,所以呀,大家都叫它小脏猪。

有一天,哼哼从外面回来,猪妈妈说:"哼哼,瞧你多脏呀,赶快去洗个澡吧。""我不洗澡,我不洗澡。"哼哼最讨厌洗澡了,它偷偷地从家里溜了出来。

哼哼来到草地上,看见小猫咪咪在拍皮球,哼哼跑过去说:"咪咪,你和我一起玩好吗?"咪咪说:"喵喵喵,瞧你多脏呀,我才不和你玩呢。"说完,咪咪走了,哼哼有点不高兴了,一个人朝小狗汪汪家走去。

哼哼看见汪汪在草地上跳绳,就跑过去说:"汪汪,你和我一起玩好吗?"汪汪说:"汪汪汪,瞧你多脏呀,我才不和你玩呢。"说完,汪汪也走了,哼哼有点难过了。这时候,它又看见小鸡咯咯在草地上捉虫子。

"咯咯,你和我一起玩好吗?"咯咯说:"咯咯咯,瞧你多脏呀,我才不和你玩呢。"说完,咯咯也走了,哼哼伤心地哭了起来:"呜……"。

哼哼跑回家扑到妈妈的怀里,"妈妈,妈妈,大家都不愿意和我一起玩。"妈妈说:"孩子,瞧你多脏呀,赶快去洗个澡吧,洗干净了,大家就愿意和你玩了。"

哼哼听了妈妈的话,一下子就跳进了浴缸,又是洗,又是搓,不一会儿,小脏猪就变干净了。哼哼来到草地上,咪咪、汪汪、咯咯都愿意和它做朋友,哼哼高兴得又蹦又跳,可开心了。

考考你

1. 父母问:你知道大家为什么都不喜欢哼哼吗?

   宝宝回答:_____

2. 父母问:后来,大家为什么又喜欢哼哼了呢?

   宝宝回答:_____

3. 父母问:宝宝,你知道不讲卫生会怎么样吗?

   宝宝回答:_____

不讲卫生的小兔子

"哼哼,快开门,我是你山羊伯伯!"一大早,哼哼的家门外就传来阵阵的敲门声,"这么早就来敲门,还让人睡不睡觉呀?"哼哼有些生气地走向门边,打开门一看,山羊伯伯、鸡大婶、猴叔叔都站在门外。

"发生什么事情了吗?"哼哼摸着脑门,有些不知所措。

"哼哼,是不是你到处丢垃圾呀?你这样做会毁掉我们整个森林的!"环卫工人——鸡大婶生气地质问哼哼。

"鸡大婶,您别生气,垃圾不是我丢的,我现在是一个讲卫生的好孩子。"哼哼着急地解释着。

好父母都是故事大王

"那会是谁呢？"就在猴叔叔纳闷的时候，一袋重重的垃圾从楼上飞下来，正好砸到猴叔叔和山羊伯伯的头上，他们两个抱着头，哎哟哎哟地直喊疼，"浓汁"从垃圾袋儿里流出来，散发出一股恶臭。

"谁这么没有公德，乱扔垃圾！"猴叔叔使用了他的绝招"飞天术"，跳上一棵大树，向楼上张望，可是没看见一个人。

"这该怎么办呀？找不到乱丢垃圾的人，我们的家园就要被破坏了。"鸡大婶急得在地上转来转去。

哼哼托着下巴想了一会儿，大声地说："有办法了，我们一定能找出那个乱丢垃圾的坏蛋。"哼哼找来一个木棍，把刚才从空中掉下来的垃圾袋一点点拨开，发现里面有胡萝卜、白菜，大家马上判断出谁是乱丢垃圾的人了，跑到小兔丫丫的家里。

"丫丫，你怎么能乱扔垃圾呢？"山羊伯伯质问丫丫。

丫丫的脸立刻红了起来，狡辩说："我没……没有！"

"你不要再骗我们了，你看这垃圾袋里装的是什么？"哼哼把垃圾袋放在了丫丫的面前，丫丫羞愧地低下了头。

"孩子，森林是我们共同的家，我们应该好好保护她，如果我们都像你这样乱丢垃圾，森林就会变成了垃圾场，到时候我们就没有家园

第一章 孩子有坏习惯怎么办

了。"鸡大婶语重心长地说。

"对……不……起，以后我……再也不丢垃圾了。"丫丫诚恳地向大家道歉。

"改正了错误就是好孩子。"山羊伯伯抚摸着丫丫的头，"以后你要把垃圾丢到楼下的垃圾箱里，那有三个垃圾箱，一个放'可回收垃圾'，一个放'不可回收垃圾'，还有一个放'有毒垃圾'，你记住了吗？"

丫丫使劲地点了点头，"保护环境靠大家，你们放心吧，我再也不会乱丢垃圾了，以后我还要帮助鸡大婶一起来清理垃圾呢！"

"好，我也来帮忙！大家一起让我们的家更干净，更美丽！"哼哼拉起丫丫的手。

山羊伯伯、猴叔叔、鸡大婶开心地笑了。

考考你

1. 父母问：小兔丫丫是个好孩子吗？

   宝宝回答：_____

2. 父母问：丫丫做了哪些错事？

   宝宝回答：_____

3. 父母问：宝宝，你知道垃圾为什么要分类吗？

   宝宝回答：_____

"破坏大王"的心里话——引导孩子爱惜物品并不难

洗面奶在沙发上晒太阳,润唇膏被涂上了墙,新买的玩具车被"肢解"得遍地都是,拿着马桶刷学着大人的样子拖地……每个有孩子的家庭都可能会上演这一幕幕令人哭笑不得的场景,有的家长看到物品被孩子糟蹋了,轻则大声斥责,重则动用武力,尽管你使出浑身解数,依然很难改变孩子破坏东西的坏毛病。

难道孩子天生是"破坏大王"不成?没错,"破坏"是孩子成长发育过程中常会出现的现象,但破坏的原因却是多种多样的,有可能是因为孩子的好奇心和探索欲望使然,也有可能是动作发展上的需要,抑或是发泄不满情绪。要想让孩子养成珍惜物品的习惯,就应该先找出孩子破坏背后的"真相",然后再因势利导。

我儿子两岁时是破坏行为最为严重的时候,他是个很倔强的孩子,凡事都喜欢尝试,摸摸这个,弄弄那个,我觉得这是好事,所以,只要是对他成长有益且不会对他的安全造成威胁的事情,我都愿意让他亲自动手试一试。

每次吃饭的时候,儿子都要求自己拿碗筷。一次,他非要端一盘菜,摇摇晃晃地朝餐桌走去,没走几步,啪的一声,一盘菜就报销了,我非常恼火。但我并没有立即爆发,深呼吸,让自己冷静下来,然后告诉孩子,"做家务是好事,但你还小,等你长大一些,再做好吗?你看这盘菜都浪费掉了多可惜。"儿子很顺从地点了点头,以后再拿碗筷,也会让我在旁边协助,并喃喃地说,"宝,轻轻的。"

第一章 孩子有坏习惯怎么办

像这样的错误，家长不必斥责孩子，这是孩子好心办了坏事，斥责孩子就会打消他劳动的积极性。3~5岁的孩子，手眼协调能力、手脑的配合能力，都还没有发展成熟，他在尝试的过程中，难免会制造一些小破坏，家长应该给予理解。

不过，有些时候孩子的破坏行为则是必须要严厉制止的，比如孩子说："妈妈，我想要一个新的布娃娃。"如果没能得到妈妈的许可，孩子就会大发脾气，把玩具狠狠地摔在地上，打碎盘碗等。这是因为他没有从父母那里得到满足，想通过自己的过激行为引起父母的注意。

针对这种情况，家长首先要考虑孩子的心情，告诉他为什么不能给他买新玩具，若孩子大发脾气，家长应保持冷静，但态度要坚决，不要因为孩子的哭闹就满足他，否则，下次孩子还会故伎重施，你应该让孩子明白，发脾气并不能解决问题。

总之，孩子的破坏行为的原因有很多，对于小一点的孩子来说，他们更多的是因为好奇，他们想知道为什么玩具会发出声音，是不是玩具的肚子里有一个人在说话，于是，他们就破坏了玩具，看个究竟。对孩子因探索欲望造成的麻烦，家长要耐心引导，告诉孩子什么东西是安全的，是可以用手去触摸的，什么是危险的，是不能碰的。为了培养孩子的好奇心，家长也可以利用一些废旧物品和孩子一起来"搞破坏"。

总之，每个孩子的成长都是独一无二的，所以，针对每个孩子的教育方法也是与众不同的，但万变不离其宗——追本溯源。

好父母都是故事大王

宝宝听故事

闯祸的咪咪猫

咪咪猫的妈妈要参加一个舞会,出门前,妈妈精心打扮了一番,然后对女儿说:"咪咪,你乖乖地在家里看电视,我要去参加一个舞会。"说完,妈妈就出门了。

咪咪猫看了一会儿电视,觉得没有意思,走到卧室里乱翻起来,它想找一些好玩的东西。咦,这是什么?咪咪猫看到妈妈的抽屉里有一管红红的东西,它突然想起来,妈妈出门前就用这个东西在嘴巴上涂了一下。咪咪猫学着妈妈的样子,来到镜子前,拧开盖子,挤出一点红红的东西,涂在了嘴巴上。

"哈哈,真好玩,真漂亮!"咪咪猫在镜子前又蹦又跳。"这是不是画笔呢?"咪咪猫托着下巴想了一会儿,"一定是的,我要画一个太阳。"它在家里的地板上、墙壁上,还有镜子上,画了好多红红的太阳。

第一章　孩子有坏习惯怎么办

可咪咪猫还是觉得不过瘾，拿着"画笔"出了门，在每面墙上都画了画，不大一会儿工夫，整个社区的墙壁都被画得乱七八糟的。

"这是谁干的？！"社区管理员山羊伯伯看到墙壁被涂鸦得乱七八糟，非常生气，小动物们也从家里跑了出来，纷纷指责破坏社区环境的坏孩子。

这时候，咪咪猫已经跑到了学校，门卫汪汪狗出去巡逻了，咪咪猫就溜进了门卫室，"叮铃铃……"咦？这是什么东西呀？咪咪猫看到桌子上有一个小闹钟，发出清脆的声响，"现在是早晨9点钟！"

"这个东西怎么会说话呢？它肚子里有一个小人吗？"咪咪猫好奇地拿起闹钟，左看看右看看，"小人在哪呢？"它拿起放在墙角的锤子，使劲地砸向了小闹钟，小闹钟被砸得七零八散，可里面只有一些铁线和电池。

"住手！你这个破坏大王！"门卫汪汪狗看到咪咪猫打坏了小闹钟，非常生气，"快来看，咪咪猫打坏了我的闹钟。"小动物们都跑了过来，"咪咪猫你太坏了，怎么能打坏小闹钟呢？""你打坏东西要赔偿！"大家你一言我一语，说得咪咪猫眼泪都快掉下来了！

"咪咪猫，你的嘴唇怎么红红的？"山羊伯伯问。

"我……我……用画笔……画的。"

山羊伯伯看到咪咪猫的手上拿着一管口红，一下子就明白了，"原来那些画都是你画的呀！"

"我……我……"咪咪猫知道自己闯了大祸，哭得泣不成声。

这时候，咪咪猫的妈妈回来了，咪咪猫扑进妈妈的怀里，大哭起来，"他们都说我是坏孩子。"妈妈抚摸着女儿的头说："孩子，你做错了事，就应该勇敢地承担。"

妈妈拿起口红，对咪咪猫说："孩子，这是口红，不是画笔，是不能到处乱画的。你看，墙壁被你涂得乱七八糟的，多难看。"

"妈妈，我错了，我还打坏了汪汪叔叔的小人。"

"小人？"汪汪狗听后，哈哈大笑起来，"孩子，这不是小人，这是闹钟，它是用来叫我们起床的。"

"那，那它为什么会响呢？"咪咪猫有些糊涂了。

"因为里面有电池和电线。"咪咪猫这下子终于弄明白了。

"咪咪，以后你有什么不懂的问题要问妈妈，不能随便破坏东西，现在我们是不是该把墙壁擦干净呢？"

咪咪猫使劲地点了点头，它的好朋友哼哼猪、丫丫兔也过来一起帮忙，不一会儿，大家就把墙壁擦得干干净净了。

考考你

1. 父母问：咪咪猫做了哪些错事？

   宝宝回答：_____

2. 父母问：我们应该在哪里画画？

   宝宝回答：_____

3. 父母问：小闹钟为什么会发出响声？

   宝宝回答：_____

4. 父母问：弄不懂的问题怎么办？

   宝宝回答：_____

儿歌：爱惜玩具

玩具玩具真有趣，

天天和我做游戏，

轻轻拿，轻轻放，

不扔不摔要爱惜。

不爱睡觉的小家伙——按时作息习惯早养成

让一个三五岁的孩子乖乖地上床睡觉，令很多父母伤透脑筋，好言相劝，威逼利诱，孩子就是迟迟不肯上床，就算是把他硬拉到床上，他也会趁你不注意跳下床，或者大声哭闹，抗议你的行为。

为了培养儿子按时作息的习惯，我也曾大伤脑筋，儿子的每次午休都把我折腾得筋疲力竭，"妈妈，讲故事，我要听故事！""妈妈，我要喝水！""妈妈，我要喝奶！"儿子总是找各种各样的借口拖延睡觉的时间。

"乖，妈妈给你讲一个故事，你就睡觉好吗？"儿子答应得很好，可等我讲完了这个故事，他还会让我讲下一个，否则就会哭闹不止。所以，每次午休都要折腾一两个小时，等他睡着了，已经是下午二三点钟了，由于午休的时间较晚，到了晚上，我又要和他进行另一场"战争"。

眼看着儿子就要上幼儿园了，这样的作息时间肯定是无法适应幼儿园生活的，痛定思痛之后，我下决心纠正儿子不按时作息的坏毛病。儿子爱听故事，我决定就从故事入手，一天中午，我对儿子说："你想听故事吗？"他高兴地点点头，"那好吧，你必须上床睡觉，妈妈才给你讲故事。"

儿子想了想，很顺从地爬到了床上，我给他讲了一个与睡觉有关的故事。当我把故事讲完，儿子像往常一样，要求我再讲一个。只是，这次我没有答应他的要求，任凭他哭闹。因为他只是想通过这种方法让我

好父母都是故事大王

妥协。遇到这种情况，一定要坚持住，这样孩子的火气就会越来越小，最后平静下来。

果然，在大闹了一会儿后，见我不为所动，孩子安静了下来，我见他安静下来，过来跟他讲道理，告诉他一定要按时睡觉，并且严肃地告诉他，午休前，我只能给他讲一个故事。这之后，儿子每天中午还会闹一会儿，但都在我的冷处理中化解了。

为了能够让孩子按时作息，我自身也做了很多改善，上床后不再看书，陪着儿子一起入睡；下午6点钟之前吃完晚饭，这样孩子就有充足的时间活动，以免他在做游戏的时候拉他上床睡觉；每天晚上睡前，都给他讲一个关于按时作息的故事，做好睡前准备等等。

经过一个星期的调整，儿子已经基本做到了按时休息，对于他的进步，我会及时表扬他，并在家里醒目的位置，贴上笑脸和哭脸，笑脸代表奖励，哭脸代表批评。如今，儿子已经快五岁了，学会了自己脱衣服，自己整理被褥，按时作息，早晨去幼儿园，也不用我催促。

在这里，我想提醒父母们一点，要想孩子做出改变，我们自己首先要做出改变，如果我们自己做不到，又怎能要求孩子呢？

宝宝听故事

迟到的烦恼

森林里静悄悄的，因为小动物都午休了，只有多多熊还没有睡觉，"真讨厌，大家为什么都要睡觉呀？没有人陪我玩。"

"孩子，快点睡觉吧，下午还要去学校上课。"多多熊的妈妈拉着

第一章 孩子有坏习惯怎么办

儿子进了房间,可多多熊却一个劲地向后退,"不嘛,不嘛!我要出去玩,我要出去玩!"

多多熊用了好大的劲,挣脱了妈妈的手,跑出了家门,一个人在森林里走来走去,"咦,这不是咪咪猫的家吗?"多多熊走到了咪咪猫家门前,使劲地敲门,"咪咪猫,快出来,我们一起来踢球吧?"

"嘘!我女儿在睡觉,请不要打扰她,她下午还要上课呢!"咪咪猫的妈妈打开了房门,轻轻地说,生怕吵醒了咪咪猫。

"真没劲!"多多熊扫兴地离开了,继续朝前走,不一会儿,又到了松鼠蹦蹦的家,"蹦蹦,快下来,陪我一起玩!"它朝树上大声地喊道。

蹦蹦探出一个头,不耐烦地说:"真讨厌,看不到人家在休息嘛,那么大声地嚷什么!"说完,又把头缩了回来,继续睡觉。

多多熊很生气,继续朝前走,一边走一边说,"我一定能找一个小朋友陪我一起玩。""呼噜呼噜……"树丛中传来奇怪的声音,多多熊好奇地走了过去,拨开树枝,原来是小猪哼哼在睡觉。

"哈哈,小懒猪!"多多熊朝着哼哼的耳朵大叫,"哎呦,我的耳朵!"哼哼一骨碌地爬了起来,不停地搓着耳朵,"吵死我了,多多熊,你真讨厌!"哼哼气呼呼地朝家跑去,"这么好的觉就被人打扰

好父母都是故事大王

了，哼！"

多多熊在外面碰了一鼻子灰，耷拉着脑袋回家了，折腾了一个中午，它好累，倒在床上，不一会儿就睡着了。

"多多，快起床，要去上学了，快点！"多多熊的妈妈使劲地摇着儿子，可多多翻了一个身，又睡着了。

"多多，快点，上学要迟到了！"在妈妈的再三催促下，多多挣扎地爬了起来，睁眼一看，"啊！又要迟到了！"

多多熊飞快地跑了出去，多多熊的妈妈在后面使劲地喊："多多，慢点，小心摔跤……"多多熊一口气跑到了学校，可它还是迟到了，老师已经在讲课了，同学们听得可认真了，可多多熊还在不停地打哈欠，大家都笑它是一只大懒熊呢！

考考你

1. 父母问：为什么多多熊上课会迟到？

   宝宝回答：_____

2. 父母问：多多熊在森林里玩的时候，小动物在干什么？

   宝宝回答：_____

3. 父母问：要想上学不迟到，我们应该怎么做？

   宝宝回答：_____

儿歌：守时歌

叮铃铃、叮铃铃，闹钟响，
催我起床上学校，
快起床，快穿衣，

刷刷牙，洗洗脸，吃早饭，

按时上学不迟到。

"忙碌"的邻家小孩——孩子热心公益的真相

现在多数家庭都是一个孩子，独生子女有着享受不完的爱，却很少懂得什么是奉献，饭来张口衣来伸手，上学爷爷奶奶帮忙背书包，早已经司空见惯。要是有那么一个小孩，每天都乐于帮助别人，喜欢做好事，热心公益事业，一定会让人刮目相看。

我家邻居的小孩壮壮就是如此，每天回家就向妈妈汇报今天做了多少好事，"妈妈，我已经连续擦了一个星期的黑板了。""妈妈，我今天帮助老师拿教具。""妈妈，我今天在学校扶起一个摔倒的同学。"

一次，壮壮又向妈妈汇报他的"丰功伟绩"，我对站在一旁的女儿说："你以后要像壮壮哥哥学习！"壮壮的妈妈则在一旁叹气，向我大倒苦水，"我真弄不懂孩子做好事是对集体的关心和热爱，还是只想受到老师的表扬？"

壮壮妈妈的疑问确实值得关注，现在有不少的孩子做好事，只是为了得到老师的表扬，靠做好事争取荣誉，如果是这样，就应该引起家长的注意，好好开导孩子，热心公益事业是好事，但不能做表面文章，公益事业应该依靠集体的力量，我们每个人除了尽到自己的义务外，也应该监督别人尽到义务，否则，自己的行为就会惯坏那些懒惰的人。

对于那些不喜欢帮助他人，不热心公益事业的孩子，家长则要给予积极的引导。首先，让孩子多接触社会，了解社会，让孩子看到人与人之间的生活差距，让孩子知道有很多人是需要别人帮助的，对于那些在蜜罐里长大的城里孩子，家长最好带他去贫困山区走一走，看一看，让他们懂得珍惜来之不易的幸福生活。

其次，给孩子提供参加公益活动的机会。有时间，父母应带孩子参加各种公益活动，比如去孤儿院看望孤儿，把自己用过的书送给孤儿院里的孩子；一起清扫楼道，清理垃圾；鼓励孩子拿出一部分零花钱捐给那些需要帮助的人，等等。

第三，用先进的事迹感染教育孩子，家长可以经常给孩子介绍，宣传社会上助人为乐、热心公益活动的人物和事例，让孩子从中受到启迪。

总之，参与社会公益活动对孩子的成长是非常有帮助的，它是一种实践教育的过程，是培养孩子心智、体能的重要手段，有利于培养孩子的奉献精神。

另外，建议父母最好带孩子一同参与社会公益活动，这样一来可以增长孩子的社会经验，二来可以增进您与孩子之间的亲密关系，可谓是一举二得。

宝宝听故事

委屈的丫丫兔

这是一个阳光灿烂的早晨，很多小动物都聚集在广场上，有丫丫兔、咪咪猫、哼哼猪、汪汪狗、咯咯鸡、多多熊，大家七嘴八舌地议论着什么。

第一章 孩子有坏习惯怎么办

"大家静一静,先不要讲话了。"社区管理员山羊伯伯大声地朝人群喊,广场上立刻安静下来,"最近,我们社区出现了很多好人好事,所以,我在此召开了动物表扬大会,由大家选出一名热心公益的好少年,大家说一说应该选谁呢?"

"山羊伯伯,我觉得应该选哼哼猪、丫丫兔,那天我弄脏了社区的墙壁,是他们帮我打扫干净的。"咪咪猫抢先发言。

"我觉得应该选汪汪狗,汪汪狗的耳朵可灵了,有了危险就会及时通知大家,那次大灰狼来,要不是有汪汪狗,我们肯定早就被大灰狼吃掉了。"咯咯鸡说。

"我觉得应该选青蛙呱呱,他是田里的勇士,消灭害虫,保护庄稼。"嘻嘻猴说。

"我觉得大公鸡的功劳最大,要不是每天它叫我们起床,我们上学都会迟到的。"多多熊说。

小动物们你一言我一语,让山羊伯伯都为难了,该选谁呢?最后经过动物表扬大会的组织人员商量后决定,热心公益的好少年评选活动推迟一个月,下个月举行,到时候,谁做的好事多,谁就当选。

"我一定要当选!"丫丫兔暗暗下决心,一天,它在教室里转来转

好父母都是故事大王

去，想找件好事做，由于想得太出神，把同学的课本弄到地上都没有发现，咪咪猫看到后，立刻捡了起来，拍了拍课本上的土，轻轻地放在了桌子上。

吃过午饭后，同学们都去午休了，只有丫丫兔走来走去，"怎么没有好事可做呢？这样我怎么能当上热心公益的好少年呢？"

这时候，多多熊翻了一个身，腿压在了汪汪狗的身上，丫丫兔灵机一动，"有了！"它立刻跑过去，用尽全身力气搬开了多多熊的人腿。

做完了好事，丫丫兔很得意，晚上放学的时候，老师表扬了咪咪猫，因为它帮助同学把掉落在地上的书捡了起来。丫丫兔可生气了，"老师为什么不表扬我？我也做了好事呀！"

考考你

1. 父母问：老师为什么表扬咪咪猫？

   宝宝回答：_____

2. 父母问：丫丫兔该不该受表扬？

   宝宝回答：_____

3. 父母问：如果我们做了好事没有人看见，该怎么办？

   宝宝回答：_____

4. 父母问：丫丫兔挖空心思找好事做，对不对？

   宝宝回答：_____

第一章 孩子有坏习惯怎么办

爱做好事的风婆婆

草地上,汪汪狗和多多熊正在放风筝,"汪汪,你快点呀!风筝还没有飞起来呢?""呼哧呼哧,我……我……跑……不动了。"汪汪狗大口大口地喘着气,一屁股跌坐在草地上。

"要是有风婆婆帮忙就好了。"多多熊的话让正在休息的风婆婆听到了,她跑过来,对多多熊和汪汪狗说:"孩子们,让我来帮助你们吧!"风婆婆使劲地摇动着手里的大蒲扇,风筝一下子就飞起来了。"谢谢你,风婆婆,你真好!"

"不用谢,孩子们!"风婆婆飞走了。她来到田野上,看到农民伯伯正在挥舞着锄头播种,"天真是太热了。"风婆婆听到后,又摇了摇手里的大蒲扇,农民伯伯马上笑了,"真凉快!"

"不好了,不好了,咪咪猫家着火了。"丫丫兔大声地呼救,风婆婆听到后,马上朝丫丫兔的家飞了过去,大喊道:"大家别慌,我来了!"风婆婆使足了全身的力气,朝着火的房子扑了过去。

"奇怪,这火苗怎么越烧越旺呢!"风婆婆更加卖力气了,可她越是用力,火苗烧得就越旺,眼看着咪咪猫的家就要被火苗吞噬了。

这时候,雨伯伯来了,"风婆婆快住手,让我来!"一阵大雨过后,咪咪猫的家保住了。

考考你

1. 父母问:风婆婆都做了哪些好事?

   宝宝回答:_____

2. 父母问:风婆婆能帮咪咪猫家灭火吗?

宝宝回答：_____

3.父母问：怎样才能把大火扑灭？

宝宝回答：_____

4.父母问：如果我们家里着火了，该怎么办？

宝宝回答：_____

挑食的牛牛——都是挑食惹的祸

前不久，好友打来电话向我哭诉，说他五岁的儿子牛牛患上了糖尿病，五岁？糖尿病？这两个字眼刺激着我的神经，身为母亲，我能理解和同情好友。交谈后得知，牛牛患上糖尿病的罪魁祸首是挑食，牛牛不喜欢吃青菜，只喜欢吃肉，涮羊肉、红烧排骨、烧鸡，他都喜欢，而且每天以可乐代替水。

现在的孩子是家长的"掌中宝"，说一不二，特别是家里有老人庇护的孩子，更是为所欲为。我儿子也曾经有一段时间特别挑食，饭菜只要不合他的胃口，他就一口都不吃，以"绝食"来对抗。我和老公商量后，决定将计就计，既然你不吃，那好，那就不要吃了。我不会追着让他吃饭，吃完饭，我会马上收拾碗筷。

过不了多久，儿子就会嚷嚷着饿了，要我给他买零食吃，如果我心软下来，下次他还会故伎重施，所以，无论他闹得有多厉害，我都坚决不给他吃零食。看他实在饿得厉害，就给他一些水果吃，总之不到下顿饭的时间，我是不会让他吃饭的。

当然，下顿饭，我做得依然是不合儿子胃口的饭菜，那时，我母亲还说我心狠，看着孩子饿成那样都不心疼。其实，哪个当妈的不心疼自己的孩子，这样做就是心疼孩子。现在儿子不挑食，身体发育得很好。我应该为当初自己的做法感到庆幸，如果也像牛牛一样，后悔都来不及呀！

偏食是令许多家长头痛的问题，我认为，孩子偏食无外乎有两个原因，一是一些家长将自己不良的饮食习惯毫不掩饰地暴露给孩子，使孩子找到了挑食的理由；二是父母一味地屈服于孩子的要求，专为孩子准备偏爱的食品，爱吃就多吃，不爱吃就不吃。这样做就给孩子的偏食开了绿灯。

要纠正孩子偏食的毛病，家长自身要做出表率，还有就是态度一定要坚决，做好这两点，接下来要做的工作就是培养孩子正确的饮食习惯了，具体说来，主要有以下几个方面：

一、固定吃饭的时间。

每次用餐的时间尽量固定，如果完全按照大人的习惯来就餐，比如有的家庭一天二顿饭，那么，等孩子上了幼儿园，就很难适应幼儿园的就餐习惯。

二、饭前不能吃零食。

孩子吃了太多的零食，吃饭的时候，就容易挑肥拣瘦。

三、固定就餐位置。

应该给孩子准备固定的餐位，这对良好饮食习惯的形成也是十分必要的。

四、变着花样做美食。

做饭要充分考虑孩子的性格特点，注意食物的色、香、味的调配，以调动孩子吃饭的积极性。

从小培养孩子建立一个良好的饮食习惯，对于他的成长和身体健康都是非常重要的，记得西方一位著名的学者曾说过这样一段话：如果我

好父母都是故事大王

们吃的东西是错误的话,没有医生能够帮助我们。如果我们吃的东西是正确的话,那么要医生又有什么用呢?家长现在不纠正孩子的不良饮食习惯,到孩子病了,将追悔莫及。

宝宝听故事

跑不快的多多熊

草坪上,咪咪猫、汪汪狗、多多熊,还有乌龟拖拖一起做游戏,大家玩了一会,觉得没有意思,汪汪狗提议说:"我们进行一次赛跑比赛怎么样?"

"好哇,好哇!"咪咪猫高兴地跳了起来。

"比就比,谁怕谁!"多多熊拍了拍胸脯,给自己打气。

只有小乌龟拖拖不说话,低着头,吞吞吐吐地说:"这……这……"

"你是不是怕了呀?那你就认输吧。"多多熊嘲笑拖拖。

"我才不怕!"拖拖昂起头,可它心里还是有些害怕。

第一章　孩子有坏习惯怎么办

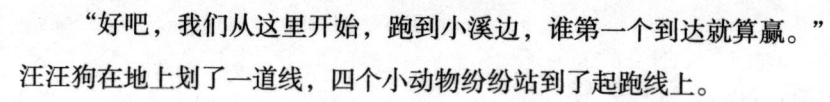

"好吧，我们从这里开始，跑到小溪边，谁第一个到达就算赢。"汪汪狗在地上划了一道线，四个小动物纷纷站到了起跑线上。

"预备，跑！"一声令下，小动物们都朝目的地跑去，汪汪狗和咪咪猫跑在最前面，多多熊气喘吁吁地跟在后面，拖拖则远远地落在了后面，它奋力地向前追赶。

不一会儿工夫，咪咪猫和汪汪狗就跑得不见了踪影，多多熊累得喘不过气来，一屁股坐在了地上，"哎哟，我的妈呀，累死我了！我要休息一会儿。"

可它回头一看，拖拖正朝它这边跑过来，"不行，如果我输给了拖拖，也太丢脸了。"多多熊挣扎着从地上爬起来，使劲地迈开双腿，可大腿像灌满了铅一样，动弹不得，多多熊急得没有办法，看着拖拖超过了自己。

咪咪猫、汪汪狗，还有拖拖都跑到了终点，就是没见到多多熊的踪影，大家担心地沿着来的路寻找多多熊，"多多熊，多多熊，你在哪呀？"

"呜呜……"多多熊坐在地上正哭呢！

"多多熊，你哭什么呀？"咪咪猫问。

"我……我……倒数……第一，呜呜……"多多熊哭得可伤心了。

"那是因为你不爱吃蔬菜，就爱吃肉，长得太胖了，就跑不动了。"拖拖小声地说。

"拖拖，你胡说，多吃肉才有力气跑！"

多多熊生气地跑回了家问妈妈，妈妈说："孩子，拖拖说得对，只有不挑食的孩子才会长得又高又壮，光吃肉，身体就会发胖，就跑不快了。"

考考你

1. 父母问：有几个小动物在赛跑？

   宝宝回答：_____

2. 父母问：多多熊为什么跑不快？

   宝宝回答：_____

3. 父母问：挑食好不好？

   宝宝回答：_____

都是糖果惹的祸

自从多多熊改正了挑食的坏毛病之后，它的身体比以前强壮了很多，在森林举行的动物运动会上，还拿了长跑的冠军呢！多多熊别提有多得意了。

可是，最近多多熊又爱上了糖果，每天早晨起床后，就吃一颗糖果，吃饭前还要吃两颗糖果，就连睡觉的时候，它的嘴巴里都要含着一颗糖果。

"多多，我的儿子，你不能吃太多的糖，会长蛀牙的！"多多熊的妈妈好心劝儿子，可多多熊却不听劝，"不嘛，不嘛，我就是喜欢吃糖果，好甜呀！"说着，多多熊又把一颗糖果放进了嘴巴里。

一天，多多熊和妈妈坐在餐桌旁吃饭，多多熊刚把一块红烧肉放进嘴巴里，就大叫了一声，"哎呦，好疼啊！"多多熊捂着嘴巴，疼得眼泪都要流出来了。

多多熊的妈妈带着儿子去找牛医生，牛医生对多多熊说："孩子，你吃了太多糖果了，又不刷牙，你长了蛀牙，虫子在你的牙齿上挖了很

多洞,你瞧!"牛医生让多多熊在显微镜下观察自己的牙齿。

"啊!"多多熊看到有无数个小虫子在咬自己的牙齿,大叫起来,"我再也不吃糖果了,再也不吃糖果了。"

考考你

1.父母问:多多熊喜欢吃什么?

　宝宝回答:_____

2.父母问:多多熊的牙齿为什么会疼呢?

　宝宝回答:_____

3.父母问:怎样才能没有蛀牙?

　宝宝回答:_____

妈妈,你来帮我——独立生活习惯的养成

美国心理学家曾对1500名超常儿童进行长期的追踪观察,30年后发现80%的人没有取得什么成就,与其中成就最大的20%的人对比,发现两者的差异并不在智力方面,而在于个性品质的不同,成就突出者都是有坚强毅力、独立性和勇往直前等个性品质的人。这个实验说明,一个人要有所成就,光有一个聪明的头脑是不够的,独立性、自制力、坚韧性等良好的个性品质也是至关重要的。

现在的家长多重视幼儿智力的培养,很早就带着孩子参加各种各样的培训班,舞蹈、绘画、英语口语、钢琴等等,可谓是应有尽有,而对孩子独立性的培养却被束之高阁。

好父母都是故事大王

我有一个同事，他家孩子小梦三岁了，每次喝水、喝奶，还需要父母来给她拿着水杯、奶瓶，吃饭更要父母一口一口地喂。由于孩子的独立性较差，上了幼儿园之后出现了很多问题。

午睡后，幼儿园老师给每位小朋友一根香蕉，其他的小朋友都自己剥开香蕉吃，只有小梦举着香蕉请老师帮忙剥开，老师问："小梦自己剥，好吗？"小梦说："每次都是奶奶剥好了给我吃，我不会……"

在我们身边，像小梦这样的孩子有很多，他们习惯于在所有的事情上"动口不动手"。久而久之，就很难学会独立，长大后，其自理能力和生活独立能力自然要差，到时候，父母再着急也无济于事，所以，从小就要培养孩子独立生活的习惯。

首先，家长要勇于放手。

中国的父母总是尽所能为孩子准备好一切，生怕孩子受一点委屈，受一点的伤害，殊不知，这种过度保护孩子正是导致孩子独立性差的温床，家长要敢于放手，孩子能做的事情，尽量让孩子自己去做，父母代劳，只会让孩子越来越懒惰。

其次，尊重孩子。

刚开始，孩子自己动手做事，肯定不会做得那么好，有些父母就会斥责孩子："你怎么这么笨呢？""我家孩子怎么什么都不会呢？""你太没出息了"等等，这样的话语会深深伤害孩子的自尊心，也会让他越来越胆小，越来越不自信。我们应该放低姿态，蹲下来，和孩子好好地沟通交流，认真听孩子讲话，以平等的态度对待孩子，这对孩子树立自信心，增强自我独立的意识都是非常有帮助的。

第三，用游戏来调动孩子的积极性。

让孩子做事情，家长不能简单地命令，这样会让孩子产生对立情绪或者厌恶心理。幼儿对游戏活动有强烈的兴趣，家长不妨从这个角度入手，比如，教两三岁的孩子自己洗脸，可以采用游戏的口吻跟他说："今天妈妈和你比赛，看看谁把脸洗得又干净又快。"然后，你可以在旁边做示范，孩子很容易就会模仿着你的样子做了。

俗话说，三岁看大，七岁看老。培养孩子独立性也要抓住关键期，2～3岁最为重要，在这一时期用正确的方法引导孩子自己的事情自己做，对增强孩子的自信心和成就感，都是非常重要的，孩子有了自信，学习愿望和能力就会较强，效果也会更好。

宝宝听故事

懒懒的哼哼猪

哼哼猪已经五岁了，可它还不会洗脸、穿衣服、自己吃饭，这些都需要妈妈帮忙，早晨醒来，就躺在床上喊："妈妈，快点，给我穿衣服。"穿好衣服，又喊道："妈妈，我饿了，快点给我喂饭。"猪妈妈每天都辛苦地照顾着哼哼猪，累得它腰酸背痛。

一天，猪妈妈病倒了，住进了医院，没有人照顾哼哼猪了，它只能自己穿衣服、洗脸、吃饭，这下，哼哼猪可犯了难。拿着衣服左看看右瞧瞧，费了老半天的劲，才把衣服穿上。"哎呦，这衣服穿上怎么这么难受啊？啊！"哼哼猪下了床，刚迈开步子，就重重地摔在了地上，脸上沾满了土，"真倒霉！"

哼哼猪抱怨着出了门，草地上小动物们正在做游戏，看到哼哼猪来了，立刻大笑起来，原来呀，哼哼把上衣穿到了腿上，把裤子套在了头上，鞋也穿反了，难怪它会摔跤呢！

哼哼猪又气又恼，跌跌撞撞地跑回了家，不敢出门。这时候它的肚

好父母都是故事大王

子咕噜咕噜地叫了起来,哼哼猪捂着肚子,"好饿啊!"它打开冰箱,看到里面还有一些食物,就拿出来吃,可是,它却不知道筷子怎么用,它实在太饿了,管不了那么多了,就下手把食物抓了起来,弄得脸上脏兮兮的。

两天后,猪妈妈回来了,看到满屋的狼藉,还有脏兮兮的哼哼猪,既生气又心疼,"孩子,你长大了,从今以后你要独立了。"哼哼猪使劲地点了点头,"妈妈,你教我做饭,穿衣服,洗衣服吧,我要学会独立的生活,再也不让小朋友们笑我了。"

考考你

1. 父母问:大家为什么嘲笑哼哼猪?

   宝宝回答:＿＿＿＿＿＿＿＿＿＿＿＿＿

2. 父母问:哼哼猪是怎样吃饭的?

   宝宝回答:＿＿＿＿＿＿＿＿＿＿＿＿＿

3. 父母问:宝宝,你要不要学会独立地生活呢?

   宝宝回答:＿＿＿＿＿＿＿＿＿＿＿＿＿

第一章 孩子有坏习惯怎么办

哼哼猪的奇遇

哼哼猪自从有了上次的教训后,像变了一个人似的,每天早晨自己穿衣服、叠被子、洗脸,还帮助妈妈做家务呢!

一天,猪妈妈去森林里劳动,哼哼猪也陪着一同前往,"呜呜……"走着走着,哼哼猪听到丛林里传来了哭声,它好奇地跑过去看,原来是一朵小黄花正在迎风哭泣,"美丽的小黄花,你怎么哭了?"

小黄花非常伤心,痛哭道:"没有人保护我了,不久,我就会被狂风吹倒,或者被滂沱的大雨冲走了。"

"为什么呢?"哼哼猪纳闷地问。

"昨天,森林里来了几个坏人,把住在我旁边的大树给砍走做房子去了。我没有了大树的依靠,该怎么办呀?"小黄花哭得更伤心了。

"小黄花,你别哭了,我妈妈说我们要学会自己长大,其实,没有了大树的阻挡,阳光会照到你身上,你还可以喝到甘甜的露水,这样你就会长得又高又壮,就像我一样。"哼哼猪安慰小黄花说。

"真的吗?"小黄花半信半疑,这时候,太阳公公也过来安慰小黄花,"是的,孩子,有了我的照耀,你一定会长得很强壮的。"小黄花破涕为笑了,阳光照在它身上,暖暖的,可舒服了。

考考你

1.父母问:小黄花为什么哭了?

宝宝回答:＿＿＿＿＿＿＿＿＿＿＿＿

2.父母问:小黄花怎么才能长得又高又壮?

宝宝回答:＿＿＿＿＿＿＿＿＿＿＿＿

剩饭的淘气鬼——勤俭节约从小事做起

勤俭节约是中华民族的传统美德，勤俭节约能使孩子具备很多良好的品行，更有利于孩子健康成长和未来发展。但随着人们生活水平的提高，勤俭节约的美德似乎渐行渐远，那些不知道何为辛苦的孩子更不懂得勤俭节约。

那天，我去菜市场买菜，遇到一对祖孙，"孩子，地上有一角钱，你帮奶奶捡起来。"孩子的奶奶招呼着走在前面的小男孩，小男孩低下头看了一眼地上的一角钱，撇了撇嘴说："我不捡，这是小钱！"

小男孩看起来也就三岁左右，这么小就把小钱和大钱分得如此清楚，不难想象，这样的孩子长大了会是什么样子。这件事让我想起了儿子，有段时间，他每次喝牛奶的时候，都会剩下一口，起初，我以为泡得太多了，但当我有意少泡一些后，他还是会剩下一口，无论我怎么说，他就是不肯把剩下的一点喝掉。

为了纠正孩子的这个坏毛病，在他要求喝奶的时候，我会事先和他沟通，"你答应妈妈，把所有的奶都喝掉，妈妈才同意给你冲奶。"儿子口头上答应得很好，喝到最后，还是会剩下一点。

经过劝说无效后，我会对他喝奶的要求进行延迟满足，不会他一要，我就给他，并在此期间告诉他怎么做，我才会给他泡奶。后来，儿子虽然改掉了这个坏毛病，但他对为什么勤俭节约并不清楚，只知道是妈妈要求我这样做的。

第一章 孩子有坏习惯怎么办

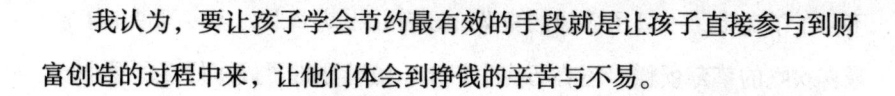

我认为，要让孩子学会节约最有效的手段就是让孩子直接参与到财富创造的过程中来，让他们体会到挣钱的辛苦与不易。

我准备了一个废品收藏箱，告诉孩子把家里喝剩下的饮料瓶子、旧报纸全部收集起来，等到收藏箱装不下的时候，我们就把它卖给废品收购站换成钱，给宝宝买爱吃的水果。

儿子对我的这个提议，很感兴趣，喝完的饮料瓶子，他会第一时间放进收藏箱里，没过多久，收藏箱就满了，我和儿子一起去了废品收购站，换回了二元钱。"这么少？"见只有两元钱，孩子反应很大，"是的，你平时喝一袋牛奶花的钱都比这个要多呢！"

我趁热打铁，给他讲了父母上班的辛苦、赚钱的不容易，孩子静静地听着。这件事之后，他喝奶、吃饭再也不剩了，而且还会把好吃的东西主动拿给我吃。一次，老公吃饭的时候不小心打洒了一碗饭，儿子站在一旁，谆谆教诲了好一阵子，还让老公给他背诵一遍《悯农》，才算罢休。

父母是孩子的榜样，培养孩子勤俭节约的习惯，首先家长就要做出表率，一个花钱大手大脚的家长很难有一个勤俭节约的孩子；其次，就是要让孩子明白赚钱的不容易，让他参与到赚钱的过程中来。

宝宝听故事

浪费粮食的多多熊

周末，多多熊、丫丫兔、嘻嘻猴相约去野餐，一大早他们就出发

好父母都是故事大王

了,丫丫兔带了一篮子碧绿的青菜,还有几根胡萝卜,多多熊带上了它最喜欢吃的草莓蛋糕,还有巧克力饼干,嘻嘻猴带了好多好多的香蕉,背包都快撑破了。

"这儿太真美了,我们就在这里野餐吧。"它们来到一个小溪边上,"快来看,这里有好多鱼!"听到嘻嘻猴的喊声,丫丫兔赶紧跑了过去,多多熊对小鱼才不感兴趣呢!它感兴趣的是享受美食。

趁丫丫兔和嘻嘻猴去溪边玩耍的工夫,多多熊偷吃了大家的食物,"这青菜看起来不错,尝一尝吧。"它吃了两口青菜就丢到了地上,红红的胡萝卜最有营养,多多熊咬了两口,又丢在地上。

"丫丫兔带来的食物怎么都是蔬菜呀?不好吃!看看嘻嘻猴带来了什么吧?"多多熊把嘻嘻猴包里的香蕉全都倒了出来,挑了几个大个的尝了尝,剩下的就全部丢在了地上。

过了一会儿,丫丫兔和嘻嘻猴玩耍回来了,看到它们的食物被丢得满地都是,非常生气,"多多熊,你……你怎么吃我的食物,还丢了很多在地上?"丫丫兔生气地质问多多熊。

"多多熊,你太过分了,怎么能这么糟蹋粮食呢?"嘻嘻猴可生气了,它想捡起丢在地上的香蕉,可是香蕉早就被多多熊踩得稀巴烂了。

"不就是吃了你们一点食物吗?你们吃我的好了。"多多熊想把自

第一章　孩子有坏习惯怎么办

己包里的食物拿出来，分给大家吃，可包里早就空空的了，原来他把食物都丢在了地上，一群小蚂蚁正在忙碌地把丢在地上的食物搬回家里。

"小蚂蚁，你干嘛抢我的食物？"多多熊冲着小蚂蚁大喊。

"我们没有抢你的食物，是你不爱惜粮食，把它们丢在了地上。"小蚂蚁理直气壮地说。

"这有什么，我家里有很多食物，吃都吃不完呢！"多多熊不以为然。

冬天来了，森林里下了好大好大的雪，小动物们都躲在家里不敢出门，天气太冷了，可是多多熊却要在这样的天气里去外面寻找食物，由于它浪费粮食，家里已经没有一粒米了，"哎！这样的鬼天气，我到哪里去找吃的呢，我的手脚都冻麻了。"

考考你

1.父母问：大家为什么不喜欢多多熊？

宝宝回答：_____

2.父母问：多多熊家为什么没有粮食了？

宝宝回答：_____

3.父母问：我们为什么不能浪费粮食？

宝宝回答：_____

热心的鸡大婶

这是一个美丽的早晨，太阳暖暖地照着大地，小鸟在树枝上欢快地唱着歌，丫丫兔很早就起床了，因为它要第一个到学校，"太阳当空照，花儿对我笑，我要上学校……"丫丫兔唱着歌连蹦带跳地走在去学校的路上。

"哎哟！"丫丫兔被一个空的矿泉水瓶子绊了一下，一个趔趄，差点摔倒了，"谁这么讨厌，到处丢垃圾！"丫丫兔捡起瓶子，正准备把它丢到路边，一个声音从后面传来，"孩子，等一等，等一等！"丫丫兔回头一看，原来是鸡大婶。

"鸡大婶，你好！你们早就来清扫街道，您辛苦了！"丫丫兔向鸡大婶问好。

"孩子，请把你手中的空瓶子给我吧。"

"好吧，可是，鸡大婶，你要这个空瓶子做什么呢？"丫丫兔好奇地问。

"我收集一些空瓶子卖到废品收购站，换来的钱就可以资助那些上不起学的孩子，到时候，他们就可以和你一样背着书包上学了。"

"鸡大婶，你真好，以后我也帮助你收集空瓶子。"

丫丫兔到了学校，把路上的事情讲给好朋友多多熊、哼哼猪、嘻嘻猴听，经过商量，大家决定一起帮助鸡大婶收集空瓶子，这样就可以有更多的小朋友和它们一起上学了。

考 考 你

1. 父母问：鸡大婶为什么要收集空瓶子呢？

   宝宝回答：_____

2. 父母问：我们应该向鸡大婶学习什么？

   宝宝回答：_____

3. 父母问：我们怎么做，才是勤俭节约呢？

   宝宝回答：_____

第一章　孩子有坏习惯怎么办

"拖拖"宝贝——孩子总是拖拉怎么办

生活中，你总会发现这样的孩子，他们是天生的慢性子，做什么都比别人要慢上半拍，做事拖拖拉拉，东张西望，三心二意，站在一旁的父母急得火烧火燎，孩子还是不瘟不火，这说明孩子的时间观念不强。

培养孩子珍惜时间的习惯将关乎孩子将来的成才，著名物理学家爱因斯坦说过，人与人之间的最大区别就在于怎样利用时间。有的人善于经营，把一分钟变成两分钟，一小时变成两小时，一天变成两天……这样的人最终换来了成功。

有些家长总认为孩子还小，做事拖拖拉拉没关系，"树大自然直"，结果到了上小学的年龄，依然无法合理安排时间，其他孩子10分钟做好的事情，他却要花上半个小时，学习效率低下，这时候再想起给孩子纠正，就有了一定的困难。

孩子出生的时候就是一张白纸，家长在上面写什么就是什么，所以，从小培养孩子的良好习惯要容易得多。许多孩子不懂得珍惜时间，与家长对孩子的娇惯有很大的关系，有的孩子早上爱睡懒觉，每天早上一遍又一遍地叫，知道去幼儿园要迟到了，家长还要帮忙穿衣服、叠被子，这样不仅不利于培养孩子的时间观念，还会助长他依赖父母的坏习惯。

以前，儿子开始上幼儿园的时候，也是这样，一到早晨就不愿意起床，明明醒了，非要在床上躺上老半天，迟迟不肯起床，最后弄得我手忙脚乱。一次这样，两次这样，时间一长，孩子的依赖性越来越强。后

好父母都是故事大王

来，我只要看他醒了，就不再催促，即便是上幼儿园晚了，他要我帮忙，我也坚持要他自己穿好衣服。

为了能帮助孩子改掉拖拖拉拉的坏毛病，我与幼儿园的老师进行了沟通，每次儿子迟到，老师都会温和地"批评"他两句，有时候，老师的力量要远远大于父母呦。这之后，儿子再也不赖床了，早晨一骨碌地从床上爬起来，一边穿衣服，一边催促我，"妈，快点，别磨磨蹭蹭的，我今天要第一个到幼儿园。"

培养孩子珍惜时间的习惯，最好奖惩相结合，比如和孩子约定好，如果他在规定时间内完成某件事，就奖励他看动画片，或者给他买一个小礼物，强化他良好习惯的养成；如果他不能按照规定完成某件事，就要给予适当的惩罚，这对孩子是一种鞭策和督促。

在此提醒家长们一点，培养孩子珍惜时间的习惯并不能强迫孩子按照大人的意愿来，每个人都有不同的生活规律，也就是我们俗称的"生物钟"，不妨先和孩子商量着一起制定适合他"生物钟"的作息时间，这是成功的前提。

再有就是，发挥故事的作用，小孩往往对故事很着迷，家长可以找一些关于守时的儿童读物给孩子看，生动的故事能给孩子留下深刻的影响，教育效果也比家长简单地说教要好得多。

宝宝听故事

小乌龟拖拖

小乌龟拖拖都上幼儿园了，可它做事依然慢慢吞吞，拖拖拉拉的，

第一章　孩子有坏习惯怎么办

别的小朋友回家先完成老师交给的手工作业，可拖拖总说："不着急，不着急，还有的是时间呢！"结果，到了第二天，拖拖还没有完成它的手工作业。

"拖拖，该起床了，上幼儿园要迟到了。"早上，拖拖的妈妈一个劲地叫拖拖起床，可它总是说："不着急，不着急，我再睡一会儿。"

等拖拖到幼儿园，小朋友们都开始做早操了。

"拖拖，你又迟到了，哈哈……"多多熊嘲笑拖拖说。

"你肯定又赖床了。"丫丫兔也来嘲笑拖拖。

拖拖羞红了脸，猩猩老师走过来问拖拖，"拖拖，我昨天交给你的手工作业完成了吗？"

"我……我……"拖拖不好意思地底下了头，教室里传来阵阵笑声。

拖拖很不服气，"有什么了不起的，我不就是做得慢吗？哼！"

中午，小动物们都午休了，拖拖也睡着了，它做了一个梦，梦见它生病了，发着高烧，浑身没有一点力气，妈妈带它去了医院，可是医院的医生一点也不着急，拖拖在候诊室里等了老半天，都不见医生来，它感觉自己快要死了，就使劲地大喊："医生，医生！"

牛医生慢腾腾地走了过来,"你有什么事吗?"拖拖着急地说:"我好难受,你帮我打一针吧?"

"不要着急,让我先去睡一个觉,我好困啊!"说完,牛医生打着哈欠走了。

拖拖这下可着急了,一着急,它就从床上翻到了地上,"哎呦!"拖拖醒了,"真是太可怕了,还好是一个梦,以后我再也不能拖拉了,真耽误事。"

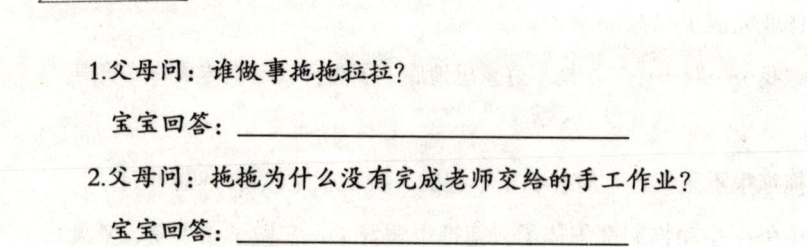

考考你

1. 父母问:谁做事拖拖拉拉?

   宝宝回答:_____

2. 父母问:拖拖为什么没有完成老师交给的手工作业?

   宝宝回答:_____

3. 父母问:做事拖拖拉拉会怎么样?

   宝宝回答:_____

儿歌:珍惜时间

叮铃铃,叮铃铃,

小闹钟叫你起床了,

小宝贝莫贪睡,

你可知道,

美丽的一天正在等待着你,

千万不要让宝贵的时光

像水一样消失在沙里。

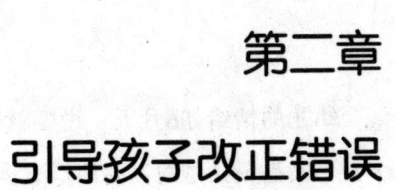

第二章

引导孩子改正错误

家里有个"小暴君"——孩子爱发脾气是怎么回事

幼儿的情绪如6月天,说变就变,刚才还嘻嘻哈哈的,转眼就晴转多云,又是哭又是闹,满地打滚,甚至是打人,俨然一个小暴君。如果在家里还好,要是在公众场合,真是令父母难堪。

妹妹的女儿今年3岁了,妹妹最害怕带她去商场,在商场,只要看到她想要的东西,就非买不可,不同意就满地打滚,惹得一群人围观,妹妹是又气又急,只能放下购物车,抱着孩子直接出了商场,女儿抓着妹妹的手臂就是一口,咬得妹妹生疼生疼的,高高扬起的手,看到孩子满脸泪痕的样子,心又软了下来。

后来,我告诉妹妹,去商场前,先和女儿进行沟通,明确告诉她这次逛商场的目的,比如,姥姥要过生日了,我们去给她买一个生日蛋糕,不是去买糖,也不是去玩玩具。这个办法对外甥女很适用,去商场的路上,她经常会小声地嘀咕,"我去买……,不买……"

当然,这个办法并不能完全保证孩子在商场里不会哭闹,但至少能让孩子心里有一个预期,不会因为你没有满足他的要求而失望。

除了逛商场外,孩子大发脾气的原因还有在游戏中,或者遇到挫折的时候,比如,自己的玩具被别的小朋友抢走了,通常孩子会大声哭

第二章　引导孩子改正错误

闹、跺脚、乱丢东西，甚至动手打对方。遇到这种情况，有不少父母会表现得十分"大度"，会说："你是哥哥，给他玩一会儿。"或者说，"宝贝，你不能这么自私。"

其实，父母这么说，多半是考虑自己的面子问题，而没有考虑孩子的心理，孩子往往不能忍受别人和自己分享喜欢的东西，这并不是自私，是天性。我的儿子有一个毛绒玩具，他是不准任何人动的，就连我清洗玩具，都要事先和他沟通。

如果是这样，你不妨在别的小朋友来家里玩之前，帮孩子把他喜欢的玩具收起来，然后鼓励他拿出一部分玩具给别的小朋友玩，这样做，既尊重了孩子，也让他知道分享是快乐的。如果两个孩子因为争抢玩具打架，你不能上前制止自己的孩子，让自己的孩子做出让步，而是建议他们轮换着玩，这更容易让孩子接受。如果孩子自制力较差，你可以充当他们的裁判，只要公平，孩子是不会反对的。

降服"小暴君"的方法有很多，前提是了解孩子的心理，然后再加以引导。可是，很多父母没有这样的耐心，往往会以暴制暴，孩子哭闹，就朝孩子的屁股上啪啪来上几巴掌，人们常说，有什么样的父母就有什么样的孩子，试想一下，将来你的孩子会怎样呢？

宝宝听故事

我要买一个新滑板

一天早晨，多多熊带着一个新滑板去找丫丫兔玩，多多熊的新滑板可漂亮了，站在上面，哧溜一下，就滑出去好远。丫丫兔很想拥有一个属于自己的滑板，回家对妈妈说："妈妈，你给我买一个滑板吧，和多

好父母都是故事大王

多熊一模一样的滑板。"

"孩子,我刚给你买了一个布娃娃,这次不能给你买滑板了,等下个月吧。"兔妈妈拒绝了丫丫兔的要求,丫丫兔一下子就急了,"不嘛,不嘛,我就要滑板!""不行,你的要求太不合理了,妈妈是不会答应你的。"

丫丫兔又跑去找爸爸,兔爸爸说:"孩子,如果你能够帮助妈妈做一个月的家务,爸爸就同意下个月给你买一个滑板,和多多熊一样的滑板。"

兔爸爸也拒绝了丫丫兔,丫丫兔气得哭着跑出了家门,门外,小朋友们正在踢皮球,听到丫丫兔的哭声,都跑过来劝它,"丫丫兔,别哭了,哭了就不好看了。"小乌龟拖拖边说边给丫丫兔擦眼泪。

丫丫兔还是一个劲地哭,汪汪狗也来劝丫丫兔,"你别哭了,和我们一起踢球吧。""不嘛,不嘛,我偏要哭,呜呜……"

丫丫兔的哭声吵醒了正在睡觉的小蚂蚁,小蚂蚁生气地说:"谁在哭?吵醒人了,真难听!"

由于丫丫兔总是哭,小朋友们都走了,这时候多多熊滑着滑板从丫丫兔身边经过,丫丫兔哭得更伤心了,声音也更大了,"我要滑板,我

> 我的滑板可是帮妈妈做家务,妈妈奖励我的!

> 呜~呜~呜~

44

要滑板！"

多多熊停下来，对丫丫兔说："丫丫兔，你别哭了，这个滑板是爸爸奖励我的，因为我帮妈妈洗碗、叠被子。你要想要滑板，也应该爱劳动，那样你的爸爸妈妈就会给你买滑板了。"

丫丫兔渐渐地不哭了，可它的鼻子酸溜溜的、眼睛也生疼生疼的，一点儿也不舒服，它回到了家里，小声地对爸爸说："爸爸，我错了，你别生气了。"兔爸爸一下子就原谅了丫丫兔，丫丫兔开心得呵呵地笑起来，正在踢球的小朋友们听到丫丫兔的笑声，都说它的笑声可好听了。

考考你

1.父母问：丫丫兔的爸爸妈妈为什么不给丫丫兔买滑板呢？

宝宝回答：＿＿＿＿＿＿＿＿＿＿＿＿＿＿＿

2.父母问：得不到滑板，丫丫兔大发脾气对不对？

宝宝回答：＿＿＿＿＿＿＿＿＿＿＿＿＿＿＿

3.父母问：丫丫兔怎么做，才能得到一个新滑板？

宝宝回答：＿＿＿＿＿＿＿＿＿＿＿＿＿＿＿

霸道的多多熊

多多熊自从有了滑板，可得意了，每天在森林里滑来滑去，小朋友可羡慕它了，都想试一试在滑板上滑来滑去的感觉。

一天，趁多多熊睡觉的工夫，丫丫兔悄悄地拿走了它的滑板，在一块空地上滑来滑去，丫丫兔高兴极了。哼哼猪、嘻嘻猴听到丫丫兔兴奋的叫声，都跑了过来，"丫丫兔，你真棒，你能让我试一试吗？"嘻嘻

好父母都是故事大王

猴恳求地说。

"好的！"丫丫兔把滑板交给了嘻嘻猴，嘻嘻猴滑了一会儿，又交给了哼哼猪，哼哼猪笨手笨脚的，一不小心，摔了一个大屁墩儿，大家哈哈大笑起来。

笑声吵醒了正在睡觉的多多熊，它起身一看，自己的滑板不见了，非常着急，它顺着小朋友的笑声来到了空地上，一看自己的滑板正在被其他的小朋友们玩，大喊一声："把滑板还给我，还给我！"

多多熊一把就从哼哼猪的手里夺过了滑板，"谁让你玩我的滑板了？"哼哼猪低着头不好意思地说，"不是，不是我拿的。"

"多多熊别生气了，我只是太想玩滑板了，是我拿的，真对不起。"丫丫兔向多多熊道歉。

"你是个小偷，竟然趁我睡觉拿走我的滑板。"多多熊使劲地推了丫丫兔一下，丫丫兔重重地摔在了地上，头上都磕了一个包，痛得丫丫兔直哭。

"哼！谁让你拿我的滑板！"多多熊拿着滑板离开了。

从这以后，再也没有人愿意和多多熊玩了，一天，嘻嘻猴从家里拿来一个蹦蹦球和小朋友们一起玩，多多熊可想玩蹦蹦球了，就凑过来说："嘻嘻猴，你的蹦蹦球真好玩，能给我玩一会儿吗？"

"那可不行！"嘻嘻猴拿着蹦蹦球和小朋友到别处去玩了，多多熊伤心极了。

考考你

1.父母问：谁拿走了多多熊的滑板？

宝宝回答：＿＿＿＿＿＿＿＿＿＿＿＿＿＿

2.父母问：在没有得到别人允许的情况下，拿走别人的东西对吗？

宝宝回答：＿＿＿＿＿＿＿＿＿＿＿＿＿＿＿＿

3.父母问：大家为什么不愿意和多多熊一起玩？

宝宝回答：＿＿＿＿＿＿＿＿＿＿＿＿＿＿＿＿

4.父母问：宝宝，你愿意把自己的玩具拿出来和小朋友们一起玩吗？

宝宝回答：＿＿＿＿＿＿＿＿＿＿＿＿＿＿＿＿

我要换一个爸爸——孩子爱炫耀为哪般

幼儿或多或少都有些攀比心理，我们经常会听到孩子们说，"我的衣服最好看"、"我长得最帅"、"我爸爸最高"等等，这是因为幼儿时期孩子的表现欲望所致，他们会用漂亮的衣服、自己的优点等来吸引他人的注意，不过，过分不切实际的攀比，则对幼儿的成长不利，容易发展成虚荣心。

我家儿子就是一个爱攀比的小孩，在幼儿园里，看到别人的新书包、新的滑冰鞋，回到家就嘟着嘴，对我说："妈妈，你看冰冰的新书包可好看了，我也想要一个。"这样的要求，显然不能答应，因为你答应了，明天他还会有新的要求。针对他的攀比心理，我便会想办法化解它。

我会这样对孩子说，"冰冰的新书包是很好看，但是你的衣服比他的好看呀！你看这上面还有两个可爱的小熊猫呢！"通过转移注意力的方法，让孩子从对别人的羡慕中转变成欣赏自己。

有时候孩子也会因为老师表扬了其他的小朋友，没有表扬他而生

好父母都是故事大王

气,"妈妈,老师为什么不表扬我?"孩子有攀比心说明孩子有上进心,这时候需要父母正确地引导。通常我会帮孩子分析他与别人之间的差距,然后鼓励他,"我相信你只要努力,下次一定能得到老师的表扬。"这种做法意在将攀比化为动力。

当然,孩子也会有些不切实际的攀比,虚荣心较强。有一段时间,老公因工作忙,长期出差在外,儿子就觉得爸爸不好,没有别的小朋友的爸爸好,"牛牛的爸爸每天放学都会来接牛牛,我的爸爸不能。""亮亮的爸爸好有钱,他家的房子是别墅呢!我的爸爸为什么赚那么少?""娇娇的爸爸会开飞机。"经过一番比较之后,儿子得出了这样一个结论:妈妈,你可不可以给我换一个爸爸呢?

孩子的话虽然有些雷人,不过,以他的思维方式是有一定道理的,老公出差回来之后,一方面我让老公多陪陪孩子,另一方面让老公尽量在孩子面前表现得"威武"、"强壮",树立他在孩子心目中的地位。

之后,我会告诉孩子,"每个小朋友的爸爸都有自己的优点和缺点,你看,你爸爸能写一手漂亮的毛笔字,牛牛的爸爸就不可以。"通过这样的比较,我让孩子明白每个人都有自己的缺点与优点,不能拿别人的长处来比自己的短处。

滋生虚荣心和攀比心是孩子成长过程中必须经历的阶段,在这个过程中,家长要引导孩子在积极正面的地方有攀比心,比如学习、技能、品行等,切不可让孩子往追求物质、不良嗜好等方向发展;其次,家长要鼓励孩子以正当方式,通过自己的能力来赢过别人,获得他人的赞赏。当孩子因为失败而气馁时,父母要给予必要的安慰,不要给孩子太大的压力。

第二章　引导孩子改正错误

宝宝听故事

倒霉的哼哼猪

一天，哼哼猪正在家里睡午觉，突然房间里传来沙沙的响声，几只小老鼠正在咬哼哼猪的被子，哼哼猪大喊一声，"你们这帮坏家伙，看你们往哪里跑！"哼哼猪想捂住小老鼠，可是小老鼠很灵活，一下子就钻到了洞里，还在洞口嘲笑哼哼猪，"大笨蛋，抓不到，大笨蛋，抓不到。"

哼哼猪气坏了，心想如果我能变成小老鼠就好了，那样我就可钻进洞里了。这时候，房间里传来一个声音，"哼哼猪，你真的想变成小老鼠吗？""是谁，谁在说话？"哼哼猪紧张得心都快跳到嗓子眼了。

"我是一个能帮助人们实现愿望的人，哼哼猪，你现在回答我，你是不是想变成小老鼠？""愿意，我当然愿意！"哼哼猪的话音刚落，它立马就变成了小老鼠。

"看你们往哪里跑？"哼哼猪朝老鼠洞快速跑了过去，"喵——"咪咪猫立马扑了过来，哼哼猪大喊着："救命啊！救命！我是哼哼猪呀！"可是咪咪猫哪里认得出这是哼哼猪呢，它越跑越快，哼哼猪只能大喊："快点，快点，把我变成一只小花猫吧！"

转眼的工夫，哼哼猪就变成了小花猫，它长长地舒了一口气，可回头一看，汪汪狗又追了上来，对它吹胡子瞪眼，哼哼猪又急忙大喊："救命啊！快点把我变成一只小狗。"哼哼猪一下子就变成了一只小花狗。

"总算逃过一劫！"哼哼猪停下来，擦了擦汗，一个铁链子却牢牢

49

好父母都是故事大王

地拴在了它的脖子上，"你这个坏家伙，不好好看家护院，跑到这里来玩。"哼哼猪被一个身材高大的人拖走了，想来想去，哼哼猪觉得还是做一头猪好，不用干活，整天睡大觉。于是，它再次拼命地喊："救命啊！快点把我变回哼哼猪！"

可是，任凭它怎么喊，都没有人理会它，它急得大喊大叫，"哎呦！"哼哼猪从床上掉了下来，原来哼哼猪在做梦呢！

考考你

1. 父母问：哼哼猪为什么要变成小老鼠？

   宝宝回答：＿＿＿＿＿＿＿＿＿＿＿＿＿＿

2. 父母问：哼哼猪为什么又要变回自己呢？

   宝宝回答：＿＿＿＿＿＿＿＿＿＿＿＿＿＿

3. 父母问：攀比好不好呢？

   宝宝回答：＿＿＿＿＿＿＿＿＿＿＿＿＿＿

第二章　引导孩子改正错误

多多熊换爸爸

最近,多多熊心情不太好,因为它总觉得别人的爸爸比自己的爸爸强,你看,咪咪猫的爸爸能抓老鼠,一次能抓好几只呢!汪汪狗的爸爸能帮助人们看护家园,不让坏人破坏财物。咯咯鸡的爸爸每天都叫大家起床,让它上学从不迟到。

"我爸爸什么都不会,除了会睡觉。"多多熊这样评价自己的爸爸,"要是能够换一个爸爸就好了。"每天别的小朋友说自己的爸爸有多么棒时,多多熊就非常伤心。

一天夜里,一只大灰狼悄悄地来到了森林,很多小动物吓坏了,眼看着小动物们就要被大灰狼吃掉了,这时候,熊爸爸出现了,只听它大吼一声:"嗷——"还没等大灰狼反应过来是怎么回事,熊爸爸一个巴掌就打在了大灰狼的头上,它的头立刻就起了一个大包,疼得大灰狼哇哇大叫,灰溜溜地逃跑了,小动物们得救了!大家都说多多熊的爸爸是大英雄呢!多多熊可自豪了,原来我的爸爸是最棒的。

考考你

1. 父母问:多多熊的心情为什么不好?

   宝宝回答:_____

2. 父母问:是谁打败了大灰狼,解救了森林里的小动物?

   宝宝回答:_____

3. 父母问:多多熊的爸爸是不是最棒的呢?

   宝宝回答:_____

好父母都是故事大王

丢三落四的"小马虎"——我们一起来给物品找家

马虎是很多幼儿的通病,眼看着上幼儿园迟到了,可书包却不记得放在哪里了?好不容易找到了书包,发现衣服又穿反了,忙碌了好半天,终于可以出门了,又忘记了今天有滑轮课,没有带滑轮鞋。这是我儿子早晨去幼儿园的一个缩影。

估计很多父母对这样的场景并不陌生,孩子为什么会如此毛手毛脚、马马虎虎呢?其实,这也不能完全怪宝宝,上来就责备宝宝,我们首先应该弄明白孩子马虎的原因是什么。

有的宝宝因为受到生理条件发展的限制,往往在做超出自己活动能力的事情时一团糟,比如,一次搬起很多玩具,结果散落了一地;有的宝宝做事欠考虑,或者做事图快不仔细;有的则是掉以轻心,比如,把6写成9,把太写成大等。

还有很重要的一点,幼儿做事马虎是和他们处于具体形象的思维阶段有关,即想到什么就做什么,缺乏计划和推理,做事只凭一时兴趣,想怎么干就怎么干,比如,有的孩子会在画书包时,给书包加上了两个翅膀,因为"那样我就不用背书包去幼儿园了"。

所以,家长应该根据宝宝的表现做出具体的分析,有针对性地帮助宝宝改变做事马虎的坏习惯,具体来说,主要有两个措施,一个是多提醒宝宝认真做事,还有就是逐步培养宝宝认真做事的好习惯。

宝宝年龄小,自制力差,很难保持注意力集中,做事总是毛毛躁躁,家长应该在身边多提醒孩子,不过一定要注意语气,有些家长总是摆出一副"凶恶"的面孔,训斥孩子,"你看看,怎么这么马虎?"训

第二章 引导孩子改正错误

斥会让孩子更加紧张，一紧张更容易丢三落四。你不妨用温和的语气提醒宝宝："宝宝，天黑了，你的书包、故事书要去睡觉了，让我们一起把它们送回家吧？"这种带有游戏性质的"请求"更容易让孩子接受。

对于2～3岁的宝宝，家长可以有意识地培养宝宝认真做事的习惯，比如，平时你可以让他们多观察，"你看这两片叶子有什么不同呀？""这两个杯子哪一个高，哪一个矮呢？"这些简单的智力游戏有助于孩子观察力的提高，也有助于注意力的集中。

稍大一点的宝宝，像四五岁的幼儿，可以增加智力游戏的难度，比如找出两幅画的不同、对卡片进行分类等，这些都有助于幼儿做事耐心认真的好习惯养成。

宝宝听故事

钓不到鱼的咪咪猫

这是一个阳光明媚的早晨，咪咪猫睡醒了，伸了伸懒腰，"今天是周末，该去干什么呢？"这时候，桌子上的电话叮铃铃地响了起来，"喂，你好！我是咪咪猫，你找谁呀？"

"咪咪猫，我是多多熊，今天我们去钓鱼吧，我好想吃妈妈做的红烧鱼。"咪咪猫最喜欢吃鱼了，立马答应了下来，拿着钓竿飞快地跑出了家门。

咪咪猫和多多熊来到一个小河边，这里的水很浅，河里的小石头都看得一清二楚，很多小鱼在石头缝间游来游去。咪咪猫和多多熊选择在一块礁石上钓鱼，它们刚坐下，咪咪猫就大叫了一声，"哎呀，不好！"

好父母都是故事大王

"咪咪猫你怎么了？"多多熊问。

"我忘记拿鱼饵了。"咪咪猫不好意思地说，它连忙起身到附近的沙滩上找一些蚯蚓做鱼饵，它找啊找，费了老半天的功夫，才找到一条小蚯蚓。

找好了蚯蚓，咪咪猫来到小河边，准备钓鱼，"哎呀！""咪咪猫，你又怎么了？你看你把鱼都吓跑了。"多多熊抱怨说。

"我……我……我的鱼竿不见了。"咪咪猫又赶紧去找鱼竿，原来它把鱼竿忘在了沙滩上，等找到鱼竿，都已经是中午了。多多熊已经钓了一小水桶鱼准备回家了，咪咪猫灰心丧气地朝家的方向走去，真是马虎耽误事啊！

考考你

1. 父母问：咪咪猫是和谁一起去钓鱼的？

   宝宝回答：_____

2. 父母问：咪咪猫为什么一条鱼也没钓上来？

   宝宝回答：_____

3. 父母问：马虎都会耽误哪些事呢？

   宝宝回答：_____

考试不及格的"小马虎"

咪咪猫是个小马虎，上次和多多熊一起去钓鱼，因为马虎又是找鱼饵，又是找钓竿，一条鱼都没有钓上来，可是它不吸取教训，依然马马虎虎。你瞧，今天，咪咪猫又犯错误了。

上课铃声响了，小动物们都跑进了教师，大象老师戴着一副眼镜，手里拿着考试卷走了进来,"同学们,这是你们期末考试的成绩,大家的成绩都非常好,只有咪咪猫没有及格。"咪咪猫听了,伤心得都要哭出来了。

大象老师把试卷发给了大家,走到咪咪猫的面前,"咪咪猫,你太马虎了,你看这个太阳的太字,你忘记了一点,变成了大字,还有天空的天,你又忘记了一横,还有,这……"大象老师拿着试卷看了好半天,然后问咪咪猫,"这是什么?"

咪咪猫不好意思地羞红了脸,小声地说:"大象老师,这是个三字,只是我把试卷拿偏了,写成了一个川字。"听到咪咪猫的回答,小动物们哈哈大笑起来,"咪咪猫是个小马虎,考试不及格,真丢人!"

咪咪猫哇哇大哭起来,大象老师轻轻地抚摸着咪咪猫的头说:"咪咪猫,你是一个聪明的孩子,就是太马虎了,如果你能改掉这个坏毛病,你一定能考100分!"听到大象老师的鼓励,咪咪猫的心里好受多了。

好父母都是故事大王

考考你

1. 父母问：咪咪猫为什么考试不及格？

   宝宝回答：＿＿＿＿＿＿＿＿＿＿＿＿＿＿＿＿

2. 父母问：咪咪猫把什么字写成了川字？

   宝宝回答：＿＿＿＿＿＿＿＿＿＿＿＿＿＿＿＿

3. 父母问：咪咪猫是不是很笨呢？

   宝宝回答：＿＿＿＿＿＿＿＿＿＿＿＿＿＿＿＿

子不教父之过——礼貌是为人的第一堂课

孩子懂不懂礼貌不是天生的，需要父母后天的教育与培养，很多父母都明白这个道理，但有时候自身的行为却存在着误导孩子的嫌疑。

一次，我在超市购物，看到一款非常漂亮的瓷碗，正伸手去拿，突然被一位急着买零食的小男孩粗暴地推开了，差点碰碎了货架上的瓷碗，我有些恼火。当时孩子的母亲就站在孩子的身后，对孩子刚才的行为一清二楚。本以为她会代孩子道歉，但她并没有这样做，而是直接拉着孩子走开了，就像什么事情也没发生过。很多时候，孩子没有礼貌是源于父母的纵容或者是榜样行为，他们不知道自己这样的行为是不礼貌的，又怎么能谈到懂礼貌呢？

我们楼下住着一个小男孩，大约两岁左右，他有一个非常不好的习惯——骂人，别的小朋友不小心碰了他一下，他会骂人；遇到不顺心的

第二章　引导孩子改正错误

事，也会骂人；大发脾气的时候更是出口成脏。但每每这时，孩子的奶奶就在一旁咯咯地笑，觉得孩子的这个行为好玩。殊不知，这样做，你是在肯定孩子的行为，他的这种不良行为得到了家长的肯定，就会变本加厉。

俗话说，"买尽天下物，难买子孙贤。"幼儿道德的培养是不容忽视的，讲礼貌则是最基本的要求，那么，该如何教孩子懂礼貌呢？

第一，规范自己的行为。

父母是孩子的镜子，孩子是父母的影子。你的行为会对孩子产生最直接的影响，他们会仔细观察你的一言一行，并将之作为自己言行的标准。如果你在得到别人帮助的时候，能够说一声"谢谢"，有了你的示范，再遇到类似的情形时，孩子也会不自觉地模仿你的行为。

第二，给孩子创造社交的机会。

家里来了客人，这是一个很好的锻炼机会，可惜，很多父母错过了这个机会，把孩子打发到一边，让他们自己去玩，这样做只为了父母能够获得一时的安静。久而久之，孩子就害怕见到生人，客人一来，就躲到一边去，这不仅不利于孩子养成良好的礼貌习惯，也会影响孩子的社交能力。

所以，在家里来了客人之后，正确的做法是，你应该向孩子介绍一下来的是什么客人，再向客人介绍一下孩子，并让孩子参与到与客人的交谈中去，千万不要把孩子排斥在外。

第三，在游戏中学会礼貌用语。

有时候，孩子虽然学会了礼貌用语，却不知道在什么场合使用，解决这个问题，最好的方法就是游戏，比如，由父母来扮演客人，客人敲门了，"有人在家吗？"然后教孩子说："阿姨，你好！"通过一些场景让孩子明白礼貌用语怎么用。

好父母都是故事大王

在教孩子使用礼貌用语的时候，我们经常会遇到这样的情况，家里来了客人，让孩子叫叔叔阿姨，孩子不肯叫，有些父母就硬拉着孩子，非要孩子向客人问好，直到孩子大哭为止。这样做非但达不到目的，还会产生反作用。孩子不肯说的原因有很多，也许是害羞，也许是不清楚为什么要向客人问好，强求孩子只会加剧孩子反感，不妨在孩子平静之后，再告诉他为什么要向客人问好。总之，做父母的不能自以为是，应多站在孩子的角度思考问题。

宝宝听故事

臭嘴巴的哼哼猪

很久没见到表弟了，哼哼猪有些想念它了，这天，哼哼猪一大早就起了床，它准备一个人去表弟家，猪妈妈不放心地说："孩子，表弟家离这里好远，你一个人要当心啊！千万不要迷了路。"哼哼猪点了点头，带了点干粮就出发了。

哼哼猪走了好久，都没有走出这片森林，"是不是我走错路了呢？"由于哼哼猪已经很久没去过表弟家了，路都记不太清楚了。"还是找人问问吧。"哼哼猪看到一只百灵鸟在枝头上唱歌，就跑过去说："喂！你知道哪条路是通往森林那一边的吗？"

百灵鸟低头看了看哼哼猪，继续唱它的歌，就好像没看见它一样，哼哼猪很生气，这时候它想起一句骂人的话，就对着枝头上的百灵鸟大骂起来，百灵鸟生气地说："这真是个臭嘴巴！"说完，就飞走了。

"哼！我才不是臭嘴巴呢，我在家里刷了牙。"哼哼猪小声地嘀咕着，继续往前走。不远处，马伯伯正在田间劳动，哼哼猪大声地喊道:"喂！老马，哪一条路通往森林的那一边呀？"马伯伯把头扭向一边，不理睬哼哼猪，哼哼猪气愤地骂了马伯伯,"你这孩子真是个臭嘴巴。"说完，马伯伯也离开了。

走啊走，天很快就黑了下来，可是哼哼猪还是没有找到表弟家，肚子饿得咕咕叫，怎么办呢？哼哼猪急得团团转,"哎哟！"一不小心，哼哼猪掉进了一个坑里，天呀，这不是猎人挖的陷阱吗？

哼哼猪急得大叫起来:"救命啊，救命啊！"住在附近的百灵鸟和马伯伯听到了呼救声，赶忙跑过来，一看是哼哼猪，都撅起了嘴，"原来是这个臭嘴巴呀！"

"求求你们，救救我吧。"马伯伯和百灵鸟非常善良，就把哼哼猪救了上来，并把它送回了家。

回家后，哼哼猪把自己的故事讲给妈妈听，猪妈妈说:"孩子，你应该懂得讲礼貌，问路要说请，要叫百灵鸟阿姨、马伯伯，不然人家就会叫你臭嘴巴了。"哼哼猪这下明白了，为什么大家都叫它臭嘴巴，它走到百灵鸟和马伯伯跟前，诚恳地道歉，并谢谢它们帮助了自己，马伯伯笑着说:"哼哼猪的嘴巴真甜！"

好父母都是故事大王

考考你

1.父母问：百灵鸟和马伯伯为什么没有理睬哼哼猪呢？

　宝宝回答：_____

2.父母问：大家为什么说哼哼猪的嘴巴臭呢？

　宝宝回答：_____

3.父母问：哼哼猪是怎样改正自己的错误的？

　宝宝回答：_____

儿歌：讲礼貌

乖小孩，懂礼貌，

见到老师敬个礼，

见到同学问声好，

朋友之间要友好。

不小心撞到人，赶紧说声："对不起！"

求人办事要说"请"，

得到别人帮助要说"谢谢"，

礼貌用语千万要记牢。

我的孩子是小偷吗——别轻易给孩子贴标签

许多家长在发现孩子拿别人东西后，脑子里都会立刻闪现出这样一

第二章 引导孩子改正错误

个字眼——"偷",甚至会大发雷霆,动手打孩子。不过,我要说的是,你或许错了,在孩子的心中可不知道"偷"是怎样的概念。

甜甜4岁了,有一天妈妈在整理她的玩具箱时,发现一个从没见过的积木块,于是问甜甜:"这个积木块是从哪来的呀?"甜甜坦率地回答:"我从丽丽家拿来的。""你经过丽丽同意了吗?"甜甜摇摇头说:"没有,她不知道。"

"不是你的东西不能要,你这是偷。"看到妈妈的表情很严肃,甜甜意识到妈妈生气了,可是她不明白妈妈为什么会生气,委屈地看着妈妈说:"妈妈,你为什么生气啊?什么是偷啊?"听到甜甜幼稚的回答,妈妈才意识到在孩子的意识里,根本就没有"偷"的概念。

相信不少家长都会遇到这类情况,该如何处理呢?不少家长认为反正孩子不是故意的,就不必追究了,如果是这样,过不了多久,孩子还会犯同样的错误,一些孩子总是反反复复拿别人的东西,就与家长没有及时教育有关。

那么,该如何纠正孩子的"拿来主义"呢?在纠正孩子的这一毛病之前,你首先应该了解一下孩子为什么会出现这种行为。其实,很多时候,孩子并不清楚物权是什么概念,只知道我喜欢我就拿。孩子三岁以后才慢慢地具有物权的概念,知道什么东西是别人的,什么东西是自己的,这时候再拿别人的东西就具有了"偷窃"的性质了。

接下来,我们来分析一下孩子"拿来主义"行为的原因,现在多数孩子都是独生子女,家长对孩子有求必应,使孩子没有是非标准,想得到什么东西就会毫无顾忌地去拿,久而久之,孩子就会养成随便拿别人东西的坏习惯。也有的家长对孩子要求很苛刻,要求别人的东西坚决不能碰,但又不告诉孩子为什么不能这样做,孩子就会感到很失望,在这

好父母都是故事大王

种情况下，他也会偷拿别人的行为。

还有一种情况非常值得家长注意，有些孩子拿别人的东西只是为了引起父母和老师的关注，有些家长平时工作忙，很少关注孩子，孩子无法从父母那里得到更多的关注，为了引起父母的注意，他就会采取这种故意的行为。

纠正孩子的"拿来主义"，首先要给孩子建立物权的概念，给孩子准备他专用的日常用品，如碗筷、被子不要和别人混用，帮助他建立"我的"、"你的"的概念，给孩子准备一个地方单独放他的东西，拿他的东西时，要征询孩子的意见，并要求孩子也这样做。当他不经人允许就动用别人东西时，要指出来，告诉他这样做是不对的，正确的做法是什么。父母是孩子的榜样，你的一言一行都会潜移默化地影响孩子。

如果发现孩子拿了别人的东西，不必大惊小怪，先问清原因，对症下药，千万不要一上来就责备孩子，认为孩子的行为是偷窃，否则，你以后就很难听到孩子的真心话了。记得一个朋友说，她女儿曾把同伴的围巾拿回家，当朋友问孩子时，孩子回答说："我觉得这条围巾妈妈围上一定很好看。"很多时候，孩子的想法不是我们能想象得到的。

总之，对孩子早期的"拿"、"偷"行为我们一定要引起重视，孩子犯错并不可怕，关键是我们如何教育。

宝宝听故事

小偷是谁

一天，森林里发生了一件奇怪的事情。

一大早，多多熊呼哧呼哧地跑进了警察局报案说："大象探长，我

第二章　引导孩子改正错误

家的蜂蜜被偷了，早晨我一醒来就发现我的储藏室一片狼藉，那些蜂蜜我是准备用来过冬的，你一定要帮我找回来啊，不然我们一家人就要挨饿了。"

大象探长立即召集森林里的全部小动物，得知多多熊家被盗了，大家七嘴八舌地议论起来，只有嘻嘻猴低着头不说话，脸红红的，这一切都被大象探长看在眼里。

"嘻嘻猴，你知道小偷是谁吗？"大象探长目不转睛地看着嘻嘻猴，嘻嘻猴紧张得说不出话来，"我……我……不……不是……"

"好吧，既然没有人承认，我只好到多多熊家去勘察一下，很快小偷就会原形毕露的。"大象探长跟着多多熊朝家的方向走去。

嘻嘻猴和妈妈回到家里，它再也忍不住了，对妈妈说："我错了，是我拿了多多熊家的蜂蜜，我好喜欢吃蜂蜜。"

"孩子，你怎么这么糊涂啊！"猴妈妈叹了一口气，"人家的东西再好，我们也不能拿。走，去多多熊家道歉！"猴妈妈拉着嘻嘻猴，刚要出门，大象探长已经站在了家门口，它的手里捏着一撮猴毛。

"大象探长，我知道是嘻嘻猴的错，我正准备带它去认错。"猴妈妈赶紧解释说。

好父母都是故事大王

"按照森林法的规定，嘻嘻猴是要被抓走的，看它年龄还小，又主动承认错误，你们只要赔偿多多熊家的损失，我就不再追究了。"

"大象探长，我知道错了，我会努力钓鱼，用鱼来赔偿多多熊家。"嘻嘻猴眼里含着泪水，勇敢地承担起它所犯下的错误，并暗暗下决心，再也不拿别人的东西了。

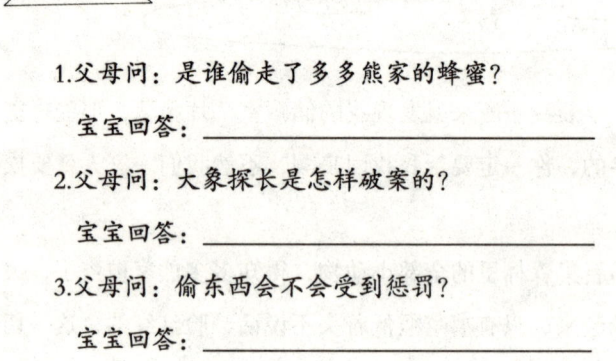

考考你

1.父母问：是谁偷走了多多熊家的蜂蜜？

宝宝回答：_____

2.父母问：大象探长是怎样破案的？

宝宝回答：_____

3.父母问：偷东西会不会受到惩罚？

宝宝回答：_____

勤劳与懒惰

叮叮鼠与铛铛鼠是一对兄弟，它们在鼠妈妈的照顾下一天天长大。一天，鼠妈妈说："你们已经长大了，家里空间太小了，你们应该自己建房子，不能和爸爸妈妈再住在一起了。"

于是，叮叮鼠与铛铛鼠从家里搬了出来，它们决定在一棵大树底下各建一所房子，叮叮鼠赶紧去找树枝，它一趟一趟地从远处把树枝搬到大树底下。铛铛鼠却不愿意动手，在大树底下乘凉："今天天气真好，正是休息的好时候！"不一会儿，铛铛鼠就进入了梦乡。

眼看着到了晚上，叮叮鼠的房子就要完工了，可铛铛鼠还没有开始动工，它开始着急了。突然，它想到一个好主意，趁着叮叮鼠去外面搬运树枝的工夫，铛铛鼠偷偷地把叮叮鼠的树枝搬了过来，一次两次，眼看着铛铛鼠这边的树枝越来越多，叮叮鼠那边的树枝越来越少。

没过多久，叮叮鼠就识破了铛铛鼠的阴谋，两人吵了起来。

"你真没出息，竟然偷我的树枝！"

"我没有偷，这……这就是我搬来的。"

"你胡说！"

"你才胡说！"

它们的争吵声惊动了在旁边采蘑菇的丫丫兔，"我都看见了，铛铛鼠你这样做是不对的，明明偷了人家的树枝，还不承认。"

"管你什么事？"

它们的争吵声惊动了森林里的小动物，大家都跑过来看热闹，纷纷批评铛铛鼠。

"铛铛鼠是小偷！"

"铛铛鼠不爱劳动，是懒蛋！"

"我再也不和铛铛鼠做朋友了！"

考考你

1. 父母问：叮叮鼠和铛铛鼠用树枝做什么？

   宝宝回答：_____

2. 父母问：铛铛鼠和叮叮鼠谁勤劳，谁懒惰？

   宝宝回答：_____

3. 父母问：小动物们为什么都不喜欢铛铛鼠呢？

   宝宝回答：_____

好父母都是故事大王

请把事实悄悄告诉妈妈——孩子并不是天生会说谎

孩子说谎是一件令人非常头痛的事情,那么,孩子为什么会说谎呢?他们说谎有时是因为家长不让他们说真话。

一个孩子无意中打碎了花瓶,当他老老实实地把事情的经过讲给父母听时,就有可能因为他打碎的是一件父母非常喜爱的花瓶而招来一顿打骂。从此,孩子遇到类似的情况,就会采用说谎的方式来明哲保身,避免遭受打骂。要想让孩子不说谎,父母不仅要听得进孩子令人高兴的真心话,也要听得进令人伤心的真心话。

父母要学会尊重孩子的情感体验,无论这种体验是积极的、消极的,都不要强迫孩子按照父母的意愿来说。比如,孩子生病时,因药苦不愿意服用,家长常骗孩子说药不苦,打针不痛,可这与孩子的真实感受是不一样的,孩子就会觉得父母在骗他,让他意识到可以用说谎的方式欺骗别人,以实现自己的意愿。

眼看着上学就要迟到了,家长在一旁催促,可孩子还是哼哼唧唧地不愿起床,此时如果家长问一句:"是不是不舒服啊?"孩子立马会说:"我头疼!"这是典型的顺坡下驴。还有孩子和其他小朋友吵架了,家长在一旁添油加醋,"是不是他先打的你?""不是你的错对不对?"这样的提示是鼓励孩子学会说谎。

家长的权宜之计也往往会成为孩子说谎的样板,朋友打电话过来约一起上街,可自己不想去,于是就对朋友说:"不好意思,我今天要带孩子去少年宫,改天吧。"开车闯了红灯,被警察拦住,赶紧撒谎说:"实在不好意思,孩子发烧,我一着急就闯红灯了。"这些行为都会成

第二章　引导孩子改正错误

为孩子日后说谎的样板。

有时候孩子会编造一些不真实的故事，比如他会说："我看到一只好大的老鼠，它比汽车跑得还快，一下子就跑到了楼顶上。"除非他在编造伤害他人的谣言，否则都不能看做是说谎。学龄前的孩子编故事是很常见的，因为他们判断不准，常把心里想的当作事实说出来，这是一种正常现象。你不必大惊小怪，随着孩子年龄的增长，他就会慢慢改变"说谎"的毛病了。

记住：父母的态度和言行不应该成为孩子说谎的榜样，也不应该有意提供说谎的机会，发现孩子说谎，首先要让自己冷静，找出孩子说谎的原因，耐心地向孩子讲解，使孩子懂得和感受到说谎是没有必要的。

宝宝听故事

孤独的丫丫兔

天亮了，森林里的小动物都起床了。丫丫兔约上好友咪咪猫到森林里去采蘑菇。突然，咪咪猫看到树林里有一棵好大的萝卜，它和丫丫兔费了好大的力气才把萝卜拔出来。

"这萝卜太大了，我从来没有见过这么大的萝卜，我要大家都过来看看。"咪咪猫让丫丫兔看好萝卜，它跑回森林去叫小伙伴。

丫丫兔看到大萝卜馋得直流口水，它绕着萝卜走了一圈又一圈，最终还是忍不住，将萝卜吃掉了。等到咪咪猫带着小动物赶过来，萝卜早就进了丫丫兔的肚子，它撒谎说，萝卜被人偷了。咪咪猫心里明白自己被骗了，但它没有揭穿丫丫兔的谎言。

从此之后，咪咪猫再也不和丫丫兔一起玩了，丫丫兔很伤心，蹲在

好父母都是故事大王

哇，这么大的萝卜，让大家一起吃吧！

一棵大树底下哇哇大哭，哭声惊动了正在附近巡逻的社区管理员山羊伯伯，"丫丫兔你怎么了，哭得这么伤心啊？"丫丫兔一五一十地将自己的故事告诉了山羊伯伯。

"丫丫兔，做人要诚实，就算你做错了事，也不能撒谎，你应该勇敢地向朋友承认错误，请求原谅，只有这样你才能拥有真心朋友。"

丫丫兔听了山羊伯伯的话，果然得到了咪咪猫的谅解，两个好朋友又开开心心地在一起了。

考考你

1. 父母问：谁发现了大萝卜？

   宝宝回答：_____

2. 父母问：咪咪猫为什么不和丫丫兔做朋友了？

   宝宝回答：_____

3. 父母问：丫丫兔是如何让咪咪猫原谅自己的？

   宝宝回答：_____

第二章　引导孩子改正错误

儿歌：诚信歌

与人交往当诚恳，
诚实二字记心间。
言必信行必果，
一言九鼎不食言。
人人夸我好少年。

我分享，我快乐——不做自私的小气鬼

一个炎热的夏天，一个孩子吵着要吃冰激凌，孩子的母亲一路小跑去买冰淇淋，当她满头大汗地买回冰激凌时，孩子却把嘴巴撅得很高，大声地斥责母亲，"你怎么这么慢，渴死我了，下次不能再快一点吗？"

母亲没有做声，把冰激凌的包装打开，小心翼翼地尝了一口，她担心冰淇淋太凉，孩子会拉肚子，"谁让你先吃的，你赶快给我吐出来。"孩子站在大街上，指着母亲，声嘶力竭。

这种现象在生活中并不少见，作为母亲，孩子的自私行为很令人心痛。不过我们需要了解的是，儿童有天生的利己倾向，尤其是三岁之前的孩子，他们的特点就是站在自己的角度观察和认识世界，还不会站在别人的角度来思考问题，如果你的宝贝还不够3岁，切不可给孩子贴上"自私"的标签。

此外，孩子自私多与父母的错误教育有关，现在的孩子多数是独生

好父母都是故事大王

子女，生活条件优越，在家里是小皇帝，小公主，这都助长了孩子的独占欲，强化了以自我为中心的意识，再加上家长对孩子的要求总是有求必应，容忍、迁就孩子的错误，从来没有教他如何去关心他人，就会让孩子从最初的无意识的"自私"行为转变成有意识的自私，自己的东西不愿意与人分享，只在乎自己的感受，无视别人的感受。

防止、纠正孩子的自私行为，父母要有意识地引导。首先，不要让孩子感受到自己的特殊待遇，不能无条件地满足孩子的要求，对于孩子的不合理要求，要坚决予以拒绝。比如，家里买了好吃的，就把它据为己有，不允许别人吃。我家孩子若是这样，我就会告诉他，有好东西要一起分享，如果他执意不肯，我就会把东西拿走，谁都不准吃。目的是让他知道，谁都有权利吃，好的东西不是为他一个人准备的。现在我儿子每次吃东西之前，都会先拿给我们，还会说："有好东西要大家一起吃，一起分享。"

其次，让孩子体会到分享的快乐，平时要鼓励孩子把自己的玩具拿出去和其他小朋友一起分享，通过物物交换的形式，就可以玩到更多的玩具。有些幼儿园会开展跳蚤市场，我觉得这是一个不错的方法，不仅能让孩子认识了钱，又能以少量的钱换来不同的玩具，最重要的是孩子在交换的过程中体会到了快乐。这个方法也适合在家庭中进行，效果会很不错的。

再有就是，平时不能对孩子娇生惯养，要让他做一些力所能及的事情，让孩子体会劳动的快乐，体会父母的艰辛，学会关心别人，帮助别人。

另外，父母的言传身教也很重要，父母的言行是孩子最基本和最现实的榜样。总之，我们一定要记住：自私的父母只能造就自私的孩子，别指望他替别人着想。

第二章　引导孩子改正错误

宝宝听故事

自私的嘻嘻猴

早晨，嘻嘻猴在森林里散步，看到哼哼猪正在一块空地上刨土，便问："哼哼猪，你在干什么呀？"哼哼猪说："我要在这儿种上草，这样我不用走很远的路，就可以吃上鲜嫩的草了。"

"这个主意不错，我也去种一些草吧。"嘻嘻猴准备在哼哼猪种的草地旁边也种些草，哼哼猪咯咯地笑起来，"你种什么草啊？你又不吃草，你应该种一棵桃树。"

"对对对，我最喜欢吃桃子。"嘻嘻猴刨好坑，种下一颗桃核。

不久，哼哼猪种的青草长了出来，嘻嘻猴的桃树苗也破土而出。又过了些时日，哼哼猪吃上了鲜嫩的青草，可嘻嘻猴的桃树才有手指般大小，心里很不是滋味。

第二年，哼哼猪种的青草又长出了嫩嫩的芽，嘻嘻猴的桃树只有一米多高，它很不高兴，就责备起哼哼猪，"你是个大骗子，骗我种桃树，你看连个桃花都没有。"哼哼猪回答说："你别着急，桃树三年才结果，明年你就能吃上桃子了。"

第三年，嘻嘻猴的桃树果真开花结果了，茂密的树枝向四外伸展着，一天，嘻嘻猴爬到树上摘桃子，低头一看，正好看到哼哼猪躺在树底下，痛快地吃着青草。这下，嘻嘻猴急了，"哼！我种树，你乘凉，太可恨了。"

哧溜一声，嘻嘻猴从树上滑了下来，举起斧子就朝桃树砍去，一棵茂盛的桃树转眼之间就化为了乌有。

71

考考你

1. 父母问：嘻嘻猴和哼哼猪分别在空地上种了什么？

   宝宝回答：_____

2. 父母问：嘻嘻猴为什么生气？

   宝宝回答：_____

3. 父母问：嘻嘻猴和哼哼猪哪一个自私呢？

   宝宝回答：_____

分享的快乐

多多熊买了一把新手枪，它可高兴了，向它的朋友炫耀着，"你看，我的手枪多棒，还有声音呢，你们有吗？"

"多多熊的手枪真是太酷了。"嘻嘻猴目不转睛地看着多多熊手里的枪。

"如果我有一把这样的手枪该多好啊？"咪咪猫羡慕地说。

"多多熊，你的手枪这么漂亮，拿给我看看吧。"叮叮鼠一下子蹦到了多多熊的肩膀上。

"去去去！我才不给你们玩呢！"多多熊把手枪攥得紧紧的。

"你真小气，我新买了一个万花筒，可漂亮了。"叮叮鼠从书包里拿出万花筒，对着阳光看起来，并把它给咪咪猫、嘻嘻猴看。

咪咪猫、嘻嘻猴可高兴了，它们纷纷拿出自己的羽毛球、跳绳，一起在草地上蹦蹦跳跳，可高兴了。可怜的多多熊只能站在旁边，没有人理它，它多想和小朋友们一起玩啊！可是它们都不愿意和多多熊玩。

第二章　引导孩子改正错误

考 考 你

1. 父母问：多多熊的新玩具是什么？

   宝宝回答：_____

2. 父母问：为什么大家都不喜欢和多多熊玩？

   宝宝回答：_____

3. 父母问：我们应该向谁学习，为什么呢？

   宝宝回答：_____

第三章

增强孩子的安全意识

住楼房安全须知——宝宝，请远离窗户

现在一家一个宝，万一孩子出现点意外，这个家庭就有可能遭受灭顶之灾，要知道4—2—1的家庭是非常脆弱的，但这样的悲剧还是偶有发生。

前不久，离我住所不远的一个小区就发生了一起5岁男孩从10楼坠下，经抢救无效死亡的恶性事件。类似的事情屡见报端，为什么就没有引起家长的注意，总是让悲剧一再地发生呢？

幼儿高空坠落与家长的看护不力有很大关系，有不少家长会趁孩子睡着了出门买菜、丢垃圾，结果10分钟不到，回来后就发现孩子出事了。这些家长总存在着侥幸心理，认为就一会儿的事情，但就一会儿的事情就可能酿成无法挽回的遗憾。通常孩子睡觉醒来后，发现家长不在，就会四处寻找，他们不知道爬上桌子、爬上窗台是危险的，这对幼童来说是没有概念的。

除失足坠落外，儿童高空坠落的另一个重要原因就是模仿，模仿是孩子的天性，前不久新闻曾报道过，一个10岁的孩子模仿灰太狼烤羊排烧伤同村的两个小伙伴。这给家长一个非常重要的警示：如果你发现孩子看完动画片后会模仿超人飞来飞去的举动，应立即告诉孩子，"超人会飞只存在动画片里，现实中是不可能的，否则，人就会摔伤。"

我认为，防止孩子高空坠落，除了家长要注意家中飘窗、落地窗等

第三章 增强孩子的安全意识

结构，避免在窗下堆放可用于攀登的杂物外，更重要的是对孩子进行安全教育。

心融集团副总裁、国家职业心理咨询师史佩绮在教育3岁的女儿时，会在孩子的胸前划一条"安全线"，高度大致是在胸口，并告诉她如果窗户或栏杆达不到这条线，就不要将身体探出去，并在生活中找机会不断重复这个概念。比如，带孩子乘坐轮船时，她会在甲板栏杆旁紧紧环抱着女儿，告诉她落水的危险，"通过双臂搂紧的程度让孩子去感知严重性。"

我认为对孩子安全教育最好的方法就是让他有亲身感受，这比你婆婆妈妈讲半天管用得多。

宝宝听故事

会飞的咪咪猫

"哼哼猪，上学喽！"睡得正香的哼哼猪被同学们的喊声惊醒了，睁眼一看，天呀！又要迟到了。哼哼猪边穿衣服，边朝楼下的同学喊："等等我，等等我，我马上就下来。"

就在这时，哼哼猪看到有一个黑影从它眼前一闪而过，唰的一下，黑影就落在了地上，赢得同学们的阵阵掌声，原来是住在楼上的咪咪猫从窗口跳了下来。

"太厉害了！这么高咪咪猫都敢往下跳，太勇敢了。"哼哼猪十分佩服咪咪猫，它决定也试一试，让同学们刮目相看，可它刚登上窗台，就被猪妈妈叫住了，"不能跳，这太危险了。"

"可是，咪咪猫为什么能跳，还毫发无损呢？"哼哼猪不明白其中

好父母都是故事大王

的道理。

"傻孩子,你不能和咪咪猫比,它的身体平衡能力很强,所以它从高处落下来的时候,是不会因为失去平衡摔死的,而且它的脚下有一个发达的肉垫,它能帮助咪咪猫安全落地。"

"哦,原来是这样啊!"哼哼猪听妈妈讲完,赶紧收回了双腿,"真是太危险了,还好我没有跳下去,不然我会粉身碎骨的。"

考考你

1. 父母问:谁从窗口跳了下去?

   宝宝回答:＿＿＿＿＿＿＿＿＿＿＿＿＿＿＿＿＿＿＿

2. 父母问:咪咪猫为什么能从楼房窗口跳下去而不会摔伤身体?

   宝宝回答:＿＿＿＿＿＿＿＿＿＿＿＿＿＿＿＿＿＿＿

3. 父母问:如果你从楼房窗户跳下去,会怎样?

   宝宝回答:＿＿＿＿＿＿＿＿＿＿＿＿＿＿＿＿＿＿＿

儿歌：住高楼

大高楼，真漂亮！

住在里面，真舒服！

小朋友，要听话。

不爬窗台，不登高。

我将安全记心间，

爸爸妈妈少担心！

家里来了不速之客——陌生人"叫门"巧应对

前不久，听朋友说起这样一件事：一天中午，朋友下楼丢垃圾，5岁的女儿独自一个人在家。5分钟后，朋友回到家，看到家里多了一个陌生的中年妇女，就在朋友纳闷的时候，中年妇女夺门而出。等到朋友缓过神来，陌生人已经不见了踪影。

女儿告诉朋友，"那个阿姨说是你的同事，要和你谈点事情，让我把门给她打开。我说妈妈不在家，她说她进来等，我就把门给她打开了。"听女儿这么一说，朋友恍然大悟，赶紧查看家里有没有丢东西，这才发现放在钱包里的一千多元现金不见了。

有过类似经历的父母，一定会后怕不已。丢了东西不要紧，万一伤了孩子，那真是要把肠子都悔青了。孩子独自一人在家时，通常不法分子会以送东西，或是父母的同事朋友、问路、修水管、检查煤气管道为

好父母都是故事大王

名骗开家门，因为孩子的判断能力较差，往往给不法分子可乘之机。

那么，遇到以上情况，我们该如何教会宝宝正确应对呢？日常生活中，我们应让宝宝知道，敲门的陌生人中有好人也有坏人，当宝宝独自在家时，陌生人敲门是不能开门的，可以让宝宝有礼貌地告诉陌生人："我爸爸出去丢垃圾了，一会儿就上来。"或者说："你等一下，我妈妈在睡觉，一个小时之后再来吧。"总之，一定要告诫宝宝，独自在家时千万不能给陌生人开门。

当然，不法分子不会因为宝宝不开门就轻易放弃，他们会编出各种各样的理由骗宝宝，不少宝宝会经不住不法分子的连哄带骗，就把门打开了。所以，我们不仅要告诉宝宝不能给陌生人开门，还应该教会他们巧妙应对陌生人敲门。

首先，只要家长没有事先交代过，宝宝一个人在家遇到有人敲门就坚决不能开门。如果来人说是送东西的，可以请他先把东西放在门口；如果来人说是检查下水道、煤气管道的，可以告诉他爸爸妈妈一会就回来，让来人在门外等候；如果来人说是家长让来取东西的，应先与家长打电话确认。

其次，教宝宝学会机敏地应对坏人。一些不法分子发现孩子独自在家时，会说好听的话，说宝宝懂事听话，有礼貌，以骗取孩子把门打开。或者干脆用凶狠的话吓唬孩子，让孩子开门。要告诉孩子，如果来人纠缠不休，就可以大声地告诉来人："你再不走我就打电话报警了！"

无论敲门的是陌生人还是熟人，通常宝宝都无法正确判断，因为不法分子可能几句话就会让宝宝相信他是熟人，所以，宝宝一个人在家时，告诉他无论谁敲门都不做声是最好的办法。

此外，家长还需要注意一点，宝宝一个人在家时接到陌生人来电，告诉宝宝不能透露自己一个人在家，也不能告诉陌生人家人的信息。可

第三章　增强孩子的安全意识

以对来电人说："你把电话号码告诉我，我让我爸爸给你打过去，他现在在洗澡不方便接你的电话。"

要想让宝宝远离伤害，父母应在平时将安全知识谨记心间，有意识地教宝宝如何应对，这样才能使宝宝遇到特殊情况时临危不惧。

宝宝听故事

你 是 谁

周末的一天，丫丫兔一个人在家看电视，爸爸妈妈都去上班了。

突然，听见门外传来"咚咚"的敲门声音，丫丫兔问："谁呀？"

"我是你妈妈的朋友，今天过来找她有点事，你快开门吧。"

丫丫兔觉得很奇怪：妈妈并没有说今天有人来找她呀？于是，丫丫兔搬来一把椅子，站在上面从"猫眼"往外看，这是谁呀？长得怪怪的，还用围巾包住头，鬼鬼祟祟地四处张望，一看就不像是好人。

丫丫兔一下子就紧张起来，心想：我该怎么办呢？忽然，它想起妈妈临走前的交代，丫丫兔努力让自己平静下来，它想了想，想出了一个好办法。

"妈妈，你的朋友来了！"丫丫兔大声地朝门外喊了一声，门外的人拔腿就跑，一下子就不见了。

等兔妈妈回来说，丫丫兔把经过告诉了妈妈，妈妈夸它是个聪明的孩子。

好父母都是故事大王

考考你

1. 父母问：丫丫兔是如何吓走敲门人的？

   宝宝回答：_____

2. 父母问：你觉得敲门的陌生人是好人吗？为什么？

   宝宝回答：_____

3. 父母问：如果有人来敲你家的门，你该怎么做？

   宝宝回答：_____

陌生的"好心人"

"太阳当空照，花儿对我笑，小鸟说早早早……"早晨，丫丫兔、哈哈狗、嘻嘻猴、多多熊四个好朋友背着小书包，蹦蹦跳跳地走在上学的路上。

突然，一辆小汽车停在了它们的身边，"小朋友们好！我送你们去上学吧。"司机很友好地打开了车门，嘻嘻猴刚要跳上车，就被哈哈狗给拉住了，"嘻嘻猴，不能上车，我们不认识它。"

第三章 增强孩子的安全意识

"这……"嘻嘻猴挠挠头，停住了脚步。

司机立马笑嘻嘻地说："我不是坏人，我是好人！你们应该相信我。"说着，又过来拉丫丫兔上车。

"谢谢叔叔的好意，我们马上就要到学校了，就不麻烦你了。"哈哈狗挡在了丫丫兔身前。

"要不……要不我们上车吧，我都有些累了。"多多熊伸了伸懒腰说。

"是啊，是啊！我车上还有很多蜂蜜、糖果、香蕉呢！"这下多多熊、嘻嘻猴可有点忍不住了，口水都流出来了。

哈哈狗急得团团转，要是遇到坏人就麻烦了，突然它灵机一动，大喊了一声："快看，它是老狼，尾巴都露出来了。"

刚才那个冒充"好心人"的司机立马转过身去看自己的尾巴，见阴谋被识破了，立马跳上车跑了，原来这个"好心人"真的是一只大灰狼。

聪明的哈哈狗拯救了自己和小伙伴们。

考考你

1.父母问：陌生的"好心人"是如何骗小动物们的？

宝宝回答：_____

2.父母问：哈哈狗、嘻嘻猴、丫丫兔、多多熊，它们当中谁最聪明，为什么呢？

宝宝回答：_____

3.父母问：如果我们在路上遇到了陌生人，该怎么办呢？

宝宝回答：_____

好父母都是故事大王

110的用途——与父母走散怎么办

前不久,我朋友一家三口出去吃饭,回家的路上路过一家花店,朋友心血来潮决定买些花来装饰一下家里,就在她与老公讨论买什么花时,他们4岁的女儿一个人出了花店,直到朋友买完花准备离开,才发现女儿不见了。

这下把朋友和老公吓坏了,疯了似的在马路上寻找,却不见孩子的踪影。半个小时候,朋友的手机响了。原来,朋友的女儿被一个好心人收留了,并通过女儿找到了朋友的电话,此时,虽然有惊无险,但却着实把朋友吓坏了。事后她对我说:"庆幸的是,平时我让女儿记住了我的电话。"

小孩子生性好动,常常趁着大人不注意逃离家长的视线,如果家长只顾着挑选商品,甚至是走一下神,都可能把孩子弄丢。孩子最容易走失的场所有以下几种:

第一,在人员密集的商场,家长专心挑选商品,孩子被其他商品吸引后离开家长的视线范围;

第二,家长在银行等地方排队办理相关业务时,孩子常常因为等得不耐烦而擅自走开;

第三,在游乐场等场所,家长让孩子玩某个项目,自己先离开一会去处理一些事情,回头却发现孩子不见了;

第四,在人多拥挤的场所,如车站,孩子和大人容易被拥挤的人群挤散。

第三章 增强孩子的安全意识

作为家长，要有防止幼儿走失的意识，也要让孩子们知道走丢后怎么找到家长。比如，平时要让孩子记住家庭住址和父母电话，清楚自己的名字。有些父母平时经常喊孩子的乳名，使孩子不清楚自己的大名，这就会给警方的查找带来麻烦，因为这样警方就无法查询相关的户籍信息。

另外，告诉孩子万一走失了，应该去找警察或者穿相关制服的工作人员，不能求助陌生人，以免给不法分子提供可乘之机。未雨绸缪，防患于未然，才能使我们的孩子在走失后知道如何正确地处理，尽早回家。

宝宝听故事

帮小鸭子找家

太阳落山了，森林里渐渐黑了下来，小动物们都回到了家里，热闹的森林一下子安静下来。突然，池塘边的草丛里传来窸窸窣窣的声音，啊！原来是一只可爱的小鸭子。

小鸭子看看四周黑漆漆的，非常害怕，"呷呷呷……"小鸭子伤心地哭起来。哈哈狗的耳朵最灵，听到有人哭，立马出来查看，"咦？小鸭子这么晚了，你怎么还不回家啊？"

"呷呷呷，我迷路了，找不到我的家了。"原来小鸭子是跟着鸭妈妈出来晒太阳的，可是由于小鸭子贪玩，就与鸭妈妈走散了。

"这可怎么办呢？"哈哈狗想了一会儿，没有好办法，只能找好朋友嘻嘻猴、多多熊帮忙，很快它们就来到了小鸭子的身边。

"小鸭子你不要着急，想想你的家在哪里？有什么标志？"嘻嘻猴拍了拍小鸭子的肩膀，让它安静下来。

好父母都是故事大王

"我不记得了,我什么都想不起来。"小鸭子伤心地低下了头。

"那你知道爸爸妈妈的电话号码吗?"多多熊问。

"我……我……不记得。"小鸭子摇了摇头。

"那怎么办呢?"三个小伙伴都没了办法,突然嘻嘻猴灵机一动,"对了,我们可以报警啊!打110,请大象探长来帮忙,它一定有办法帮小鸭子找到家。"

不一会儿,大象探长就赶来了,"你是阿黄吧,你妈妈正在我的办公室等你呢,快点回家吧。"

"等一等,大象探长你怎么知道它是阿黄,它的妈妈怎么会在你的办公室呢?"

"是啊,这到底是怎么回事?"哈哈狗它们有点糊涂了。

大象探长解释说,"刚才阿黄的妈妈说它的孩子丢了,到我这里来报警,之后我又接到了你们的报警,所以我就知道它是阿黄了。"

"原来是这样啊!"嘻嘻猴拍了怕脑门。

"你们一定要记住,有困难打110,找大象探长哦!"

考考你

1. 父母问：小鸭子是怎么走丢的？

   宝宝回答：_____

2. 父母问：是谁帮助了小鸭子？

   宝宝回答：_____

3. 父母问：我们什么时候应该找110来帮忙？

   宝宝回答：_____

儿歌：走失了怎么办

跟着爸妈逛商场，

眼花缭乱惹人馋，

突然爸妈不见了，

怎么办怎么办？

莫要急莫要慌，

赶紧给家挂电话，

遇到坏人不理他，

赶紧找警察叔叔来帮忙，

警察叔叔怎么找？

拨打110保准行！

好父母都是故事大王

119的用途——假如家里失火了

经常能在报纸上看到因孩子独自在家导致火灾的报道，且不说把孩子独自一人放在家里是否安全，作为家长还应在平时教育孩子在发生火灾后该如何正确应对，因为有些时候火灾的发生是我们无法预料的，我们也不能时时陪在孩子身边，孩子终究要长大，保护他不如教给他自保的方法。

我先给大家讲一个真实的故事：我老公的堂弟从小娇生惯养，跌倒了没有家长扶从来都不会自己起来。在南方的农村都有烤火的习惯，就是拿一个火盆，在里面放上木炭取暖。一次，老公的堂弟不小心摔了一跤，正好摔在了火盆上，可他只顾躺在地上哭，就是不起来。结果等家长发现时，身体已经烧坏了。

这就是娇生惯养的结果，平时家长把一切都为孩子准备好了，当危险发生时，孩子已经习惯了等待，不懂得自救就是很正常的事情了。

前不久，看过这样一篇新闻，北京丰台一个5岁半的男孩独自一人在家，用打火机点燃了家中的杂物引发了火灾。危急时刻，男孩并没有恐慌，先是拨打了119报警，之后用湿毛巾捂住了自己的口鼻，跑到阳台上呼叫。5分钟后，消防员赶到，成功救出了小男孩，令人惊喜的是，小男孩毫发无损。

第三章 增强孩子的安全意识

孩子在小的时候往往对水、火、电等感到好奇，但他的安全意识很差，所以，家长平时要给孩子讲一些与火有关的知识，告诉孩子不能玩火；如果身上衣服被点燃，要立即就地打滚扑灭火苗，或者用水淋湿自己，千万不能到处乱跑，以免加速燃烧；告诉孩子如何拨打119，以及着火后如何保护自己等。

这些预防火灾的知识不能只简单地说教，可以通过游戏的方式加深印象，这种方式孩子最容易接受，也最容易记住，也可以给孩子播放一些火灾安全逃生的动画片，不要以为这是做无用功，虽然发生火灾的可能性很小，但一旦发生就可能带来严重的后果，防火自救才能最大限度地保护自己，保护我们的孩子免受伤害。

宝宝听故事

火灾演习

一天中午，哈哈狗、嘻嘻猴、咪咪猫正在幼儿园睡午觉，突然火灾报警器发出刺耳的叫声。

"咪咪猫快醒醒，着火了。"哈哈狗的耳朵最灵，首先听到了报警器的声音，赶紧推了推身边的咪咪猫，嘻嘻猴也被惊喜了。

"啊！"不一会儿，房间里就布满了烟，呛得它们不停地咳嗽。

"怎么办？着火了！"小动物们惊慌失措地尖叫起来。

咪咪猫动作很敏捷，哧溜一下，钻进了床底下，它觉得躲在这里最安全。

"咪咪猫快出来，躲在这里很危险！"哈哈狗大喊道。

嘻嘻猴也急得团团转，一蹦三跳地跑到了门口，使劲地打开了房门,"啊!"浓烟夹着火苗扑了进来,嘻嘻猴心想这下真的完蛋了。

"大家快把毛巾打湿,捂住口鼻!"哈哈狗边说边做示范。

咪咪猫突然想起什么,大声地对嘻嘻猴嚷:"嘻嘻猴,你赶紧拨打119报警!"

"报警?"嘻嘻猴这才想起报警的事情,就在它正准备拨打报警电话时,火和烟突然不见了。

这到底是怎么回事?就在大家纳闷的时候,猩猩老师哈哈大笑地走了进来,"同学们,不要怕,这只是一次火灾演习!"惊魂未定的小动物们长长地舒了一口气。

猩猩老师接着说:"在这次火灾演习中,哈哈狗表现得最勇敢,首先它听到火灾报警铃之后,叫醒了大家,还教大家用湿毛巾捂住口鼻,这是非常正确的。你们要记住,火灾发生后千万不要慌,要记得拨打119报警电话,还有不能贸然打开房门,要先用手试一试房门热不热,如果热,就不要打开,要另寻逃生通道。"

通过这次火灾演习,小动物们掌握了很多逃生的本领,受益匪浅。

考考你

1. 父母问：着火了可以钻到床底下、躲到柜子里吗？

   宝宝回答：_____

2. 父母问：发生火灾后该拨打什么电话？

   宝宝回答：_____

3. 父母问：发生火灾后，应怎么捂住口鼻？

   宝宝回答：_____

儿歌：发生火灾怎么办

小朋友要记住，预防火灾很重要。

不玩蜡烛不玩火，把好预防第一关。

万一发生火灾，切莫慌切莫急。

先拿湿巾捂口鼻，快快趴下向前移。

赶紧拨打"119"，消防叔叔来帮忙。

120的用途——如果奶奶生病了

现在不少家长都非常注意平时对孩子进行安全教育，潜移默化地向孩子灌输哪些行为是不安全的，教会孩子怎样规避危险，比如很多家庭都会教育孩子不要和陌生人说话，不要随便给不认识的人开门等常识，让孩子记住爸爸妈妈的电话号码，准确地说出家庭住址。但家长却忽略

好父母都是故事大王

了当家庭成员遇到危险时,应该教孩子怎么报警的问题。

前不久,我的一位在市120急救指挥中心工作的朋友给我讲了这样一件事:一天,120接警平台接到一个声音稚嫩的报警电话,称其奶奶突然在家里晕倒了,人事不省。120调度员反复询问其在什么位置、具体哪个县市区,孩子断断续续好不容易说出家住在某小区,但只能说在北京市,无法说出具体在哪个区或县。

120接警人员根据经验迅速判断后,询问孩子是否是在海淀区,在得到肯定答复后,120指挥中心立即调派就近医院的救护车火速赶往现场救援。好在救护车及时赶到,晕倒的老太太得到有效救治,最终脱险。事后了解,报警人是学龄前儿童,还没上小学,因慌乱根本说不清具体位置。

从这个事例中,可以窥一豹而知全身,孩子在遇到危急时刻,往往不能正确地寻求救助,所以,这就要求我们家长平时加强这方面的培养,在拨打120时,首先要教孩子说清现场地点,如果危险发生在家里,应准确说清楚家庭住址,如发生在外面,地点要醒目易找,如大的商场、车站等。

其次,学会介绍病情。叙述病人当前主要的症状体征、既往病史。注意留下大人的联系电话,便于医务人员联系。

最后不要急于挂断电话,确定"120"无疑问后方可挂机。

除此之外,家长还应该告诉孩子120是急救电话,不能随便拨打,不然会浪费急救资源,使那些真正需要帮助的人无法得到及时的救助。

第三章 增强孩子的安全意识

宝宝听故事

小 英 雄

一大早,叮叮鼠就被妈妈叫醒了,"叮叮,今天妈妈要去加班,你在家里要好好地照顾外婆!"叮叮鼠揉了揉眼睛,答应了一声。不一会儿又进入了梦乡。

就在叮叮鼠睡得正香的时候,它的耳边传来急促的呼吸声,"咦?这是什么声音?"叮叮鼠竖起耳朵,仔细听,呼吸声越来越急促。这时叮叮鼠想起妈妈的嘱咐,立马从被窝里钻了出来。

原来是叮叮鼠的外婆哮喘病发作了,外婆痛苦地躺在床上,大口大口地喘着气,"这可怎么办呢?"叮叮鼠急得团团转,翻遍了所有的地方,都没有找到药。眼看着外婆的呼吸越来越弱,叮叮鼠突然想起老师教它的儿歌,"不要慌不要急,拿起电话,拨打120来救命!"

"喂,你好!是120吗?我外婆的哮喘病发作了,我的家住在大森

喂,120吗,我是叮叮鼠啊,有事找你们!

林社区12号楼301。"叮叮鼠准确地说出了自己的家庭住址，然后又帮助外婆收拾了住院的衣服。一会儿工夫，急救车就赶到了，由于抢救及时，叮叮鼠的外婆转危为安。

森林里的小动物们听说了叮叮鼠的故事，都夸叮叮鼠是个小英雄，关键时刻不慌乱，为此，大森林社区还专门为叮叮鼠颁发了救人小英雄的纪念章，一时间，叮叮鼠的名字在大森林里无人不知无人不晓，叮叮鼠也成了小动物学习的榜样。

考考你

1.父母问：如果有人生病了，你应该拨打哪个电话？

  宝宝回答：_____

2.父母问：拨打120电话应该怎么说？

  宝宝回答：_____

想当英雄的铛铛鼠

自从哥哥叮叮鼠当了英雄之后，铛铛鼠的心里就很不舒服，它整天在想：如果我能够当上英雄该多好啊？那样每天都会有人夸奖我，走到哪里都有人向我竖起大拇指，还能交到很多的好朋友。

铛铛鼠越想当英雄的心越急切，一天，它的脑子灵机一动，想出了一个当英雄的好办法。周末的时候，趁着家人都外出了，铛铛鼠拨通了120电话，"喂！是120吗？我这里是大森林社区，你们赶快来吧，我们的社区管理员山羊伯伯晕倒了。"

说完之后，铛铛鼠赶紧挂了电话，不一会儿，急救车闪着红灯呼啸而来，可是当急救人员到了山羊伯伯家之后，却发现山羊伯伯正在家里

第三章　增强孩子的安全意识

睡午觉呢！铛铛鼠看到自己也能叫来急救车非常高兴，它觉得自己和哥哥叮叮鼠一样聪明、能干！

铛铛鼠越想心里越高兴，于是，又拨通了急救电话，就这样一下午铛铛鼠拨了五六次电话，直到它感觉不好玩了，才躺在床上睡着了。

"咚咚咚！"急促的敲门声吵醒了铛铛鼠，"谁呀？吵死人了。"铛铛鼠打开门，看到了一脸严肃的大象探长。

"大象探长有什么事情吗？我正在睡午觉呢！"

"铛铛鼠，是不是你拨打了120电话！"大象探长生气地问。

"是啊！我和哥哥一样聪明能干，能把急救车叫来！"想起刚才做的事情，铛铛鼠一脸的自豪。

没想到，它的话音刚落，大象探长就拿出一副锃亮的手铐，咔的一声，将铛铛鼠的双手拷了起来。

"大象探长，我是英雄，你应该表扬我，为什么要抓我？"铛铛鼠急忙辩解说。

"按照大森林的法律，你连续多次拨打不实报警电话，严重破坏了大森林的秩序，应处以五日的拘留处罚。"

"啊……"铛铛鼠大叫一声，就被带上了警车。

考考你

1. 父母问：铛铛鼠做了什么事情，被大象探长抓了起来？

　　宝宝回答：_____

2. 父母问：为什么不能随便拨打120电话？

　　宝宝回答：_____

3. 父母问：你认为铛铛鼠是英雄吗？为什么？

　　宝宝回答：_____

远离性侵害——性教育要从娃娃抓起

近年来,儿童性侵犯案件频频发生,我们经常看到这样的新闻:三岁女童遭姑父多次性侵犯,两岁女童被幼儿园看守猥亵,海南某小学校长带女小学生开房……太多的案件让我们不寒而栗,该如何保护孩子,让孩子远离性侵害,已经成为家长急切需要解决的问题。

不难看出,这些屡屡发生的幼儿性侵害事件折射出家庭教育关注点的错位,性教育的缺失及幼童自我保护意识的薄弱:很多孩子缺乏自我保护意识,不能正确认识自己的隐私部位,遇到性侵害不知怎么办,甚至不知道这是危害自己的行为。

由于儿童认知能力有限,父母要结合儿童的认知和发展特点,采取直观、简单、易于操做的教育,下面我将英国在预防儿童性侵犯的教育方法介绍给大家,这些方法便于儿童接受和牢记,非常值得借鉴。

第一,告诉孩子背心、裤衩覆盖的地方不能让别人摸。

你可以对照孩子的身体说,背心、裤衩覆盖的地方不能随便给别人看,不能让别人随便摸,这样的做法直观又明确,且不可直接说隐私部位,因为孩子并不明白这个词的含义,说得再多也无济于事。

第二,不吃陌生人给的东西。

坏人常常用孩子喜欢吃的糖果来诱惑他们,所以,你应该告诉孩子千万不能吃陌生人给的任何东西,同时,不能接触陌生人的食物、水杯等等。

第三,不和陌生人说话。

坏人通常会和孩子套近乎,他们会说:"我是你妈妈的好朋友",

第三章 增强孩子的安全意识

"我是你妈妈的同事"等等，告诉孩子千万不要相信陌生人说的话，并且明确告诉陌生人，父母就在附近，或者说："我妈妈一会儿就来接我"，吓走陌生人。

如果陌生人纠缠孩子，告诉孩子趁其不备跑向人多的地方，并大声求救以引起路人的注意，当然最重要的是，要嘱咐孩子"遇事不慌"，切不可跟随陌生人到人少的地方或他的家中。

第四，有秘密一定要告诉妈妈。

在各种幼儿性侵犯的行为中，坏人往往会用"这是我们之间的小秘密"来防止孩子告诉父母，由于孩子年龄小，有时候甚至不能分辨这是侵害自己的行为，所以，往往会听信坏人的话。

这就给父母一个很好的提示，平时要引导孩子有秘密与父母分享，这样孩子就会习惯将自己的经历告诉父母，便于父母及时发现问题。

很多家长对性教育难以启齿，其实这只是我们的心理在作怪而已，是受传统教育影响的结果，有这样顾虑的父母可以想一想，是让孩子免受伤害，还是自己的面子重要呢？在面对性教育这样重要的工作，无论你是否愿意，或者是否认为自己有资历承担这项重任，这都是你必须要做的工作，孩子性教育的第一任老师是父母，父母有着不可推卸的责任。

宝宝听故事

不听话的丫丫兔

过春节了，森林里响起了劈里啪啦的鞭炮声，还有漂亮的烟花，丫丫兔站在窗前，望着美丽的烟花情不自禁地叫起来，它多想和小伙伴们

好父母都是故事大王

一起出去玩啊!

"妈妈,我想去找哼哼猪、哈哈狗玩。"

"不行,孩子,天这么晚了,你一个女孩子出去太危险了。"妈妈严肃地说。

丫丫兔有些不明白,疑惑地问:"为什么女孩子就不行,这不公平,我就要出去!"说完,丫丫兔跑出了家门,消失在夜幕中,丫丫兔的爸爸妈妈赶紧出门去找。

丫丫兔逃出了家门,在森林里又蹦又跳,不知不觉它已经走出去很远很远了,它有些害怕了,这时候有一个围着红头巾的大灰狼出现在它

> 来啊,这里有好吃的葡萄,想不想吃啊?

的面前,上下打量着丫丫兔,眼睛里闪过一丝狡黠,可丫丫兔并没有认出那是个凶狠的大灰狼。

"小兔子,你怎么一个人在森林里玩,多危险啊!还是跟我回家吧?"

"不,我妈妈说了不能随便到陌生人的家里!"丫丫兔警觉地拒绝了,但大灰狼并不甘心。

"那好吧,我看你很累了,来,吃点水果吧,这水果可新鲜了。"

大灰狼拿出一串紫葡萄，丫丫兔一看口水都流出来了。

"吃吧，吃吧，这葡萄可甜了。"

丫丫兔经不住诱惑，吃下了葡萄，不一会儿它的头就有些晕，大灰狼见起了药效，又对丫丫兔说："你看你的背心、裤子都被葡萄汁弄脏了，脱下来我帮你洗了吧。"就在大灰狼正准备伤害丫丫兔时，远处传来了兔爸爸、兔妈妈还有大象探长的声音，"丫丫兔，你在哪里呀？"大灰狼一听，赶紧灰溜溜地逃跑了。

兔爸爸、兔妈妈抱着昏迷的丫丫兔回了家，等丫丫兔醒来，天已经大亮了，它觉得自己做了一个可怕的噩梦。

考考你

1.父母问：天已经很晚了，丫丫兔还能出去玩吗？为什么？

　宝宝回答：_____

2.父母问：如果陌生人给你吃好东西，你会吃吗？

　宝宝回答：_____

3.父母问：我们身体的哪些部位是除了爸爸妈妈不能碰的呢？

　宝宝回答：_____

儿歌：小熊是个好宝宝

小熊小熊是个好宝宝，

背心裤衩一定要穿好。

背心裤衩里面不许别人碰，

无论男孩女孩都要知道。

如果有坏人欺负你，

好父母都是故事大王

赶快告诉爸爸妈妈！

熟记乘车安全法则——警惕幼儿乘车安全隐患

去年春天，4岁半的涛涛跟着父母到郊外春游。出发前，涛涛的父母先来到超市，准备买一些食品。为了不让涛涛捣乱，妈妈决定让涛涛和爸爸留在车里等候。就在涛涛爸爸到车外抽烟的工夫，涛涛从车子后排座爬到了前排的副驾驶座位上，然后模仿爸爸开车的模样放下了汽车手刹。

赶巧的是，涛涛爸爸把车停在了一个坡上，车子开始向前滑，咣当一声撞到了超市外墙的铁栅栏上。涛涛的头撞到了挡风玻璃上，肿了一个大包，好在没有什么大碍。但涛涛连续一个星期晚上都会做噩梦，哭着从梦中惊醒。这件事也让涛涛的父母十分后怕，"好在孩子没事，不然他们是无法原谅自己的。"

在我国，有超过六成的家长驾车不懂得保护孩子，很多家长缺乏儿童乘车安全知识，并没有意识到孩子乘坐汽车会承受多大的危险，下面就让我们来看看，在私家车内我们经常会遇到又没有留意的安全隐患有哪些。

1.抱着孩子乘车。

乘车时，许多父母习惯于把孩子抱在怀里，这看似安全，其实隐患很大，因为孩子个子矮，坐着的时候头部刚好在家长的胸部，如发生猛烈碰撞，家长的胸部会向下猛烈挤压孩子的头颈，从而给孩子造成极大的损伤。此外，当汽车高速行驶时，在惯性的作用下，家长是无力保护

怀中孩子的。

2. 孩子坐在副驾驶位置。

让小孩坐在副驾驶的位置是不明智的选择，虽然有的车具有双气囊，在危险发生的瞬间，挡在人与车体之间，使人免受伤害。但因孩子上身较矮，气囊进开的位置往往是在孩子的头顶，不但保护不了孩子，反而会伤害孩子。所以，12岁以下的孩子坐在后排是最安全的选择。

3. 独自把孩子留在车里。

还记得长春一偷车贼偷车得手后，杀死孩子的事情吗？虽然这是发生概率非常小的恶性事件，但我们不得不正视这样一个问题：把孩子单独留在车里真的很危险。有些男孩淘气，喜欢对汽车做"手脚"，也会引发危险的发生。

除此之外，还有让孩子自己上下车、给孩子绑成人的安全带，这些都存在着安全隐患，都是家长必须要注意的细节。

宝宝听故事

春游的路上

春天来了，森林里的花儿开了，蝴蝶、蜜蜂忙个不停，寒冷的冬天走了，小动物可高兴了。

前不久，森林幼儿园举行了一次春游活动，由猩猩老师带领一起去踏春。"真是太好了！我还没有坐过大汽车呢！"嘻嘻猴看到幼儿园门口的汽车，第一个蹦了上去。其他的小动物看到嘻嘻猴上了汽车，也都争先恐后地上车。

好父母都是故事大王

"哎哟，踩到我的脚了。"哈哈狗痛得大叫。

"别挤了，把我的发型都弄乱了。"丫丫兔着急地用手护着自己的头。

多多熊力气大，一使劲就把站在前面的小动物都推倒了，叮叮鼠最小，被压在了最底下，痛得哇哇大叫救命！

"都停下来，大家排队上车，注意安全！"猩猩老师大声地朝学生们喊了一嗓子，有了猩猩老师维护秩序，大家总算平安地登上了汽车。

小动物们第一次看见汽车，都兴奋得不得了。

"咦？这是什么？"嘻嘻猴从没见过汽车的天窗，一下子就跳了起来，把头伸到了天窗外面，不知为什么天窗突然关上了，卡住了嘻嘻猴的脖子，"哎呀！我的脖子都要断了。"好在猩猩老师发现得及时，不然嘻嘻猴的脖子真的会被弄断呢！

"快看！那有一片金黄金黄的油菜花！"听到丫丫兔的喊声，大家纷纷把头伸出了窗外，一探究竟。

就在这时，一辆大卡车疾驰而过，丫丫兔的耳边响起了呼呼的风声，在最危险的时刻，猩猩老师一把拉住了丫丫兔，"孩子们，乘车的

第三章 增强孩子的安全意识

时候是不能把头伸出窗外的,太危险了。"这时,丫丫兔才发现自己的耳朵被擦破了皮,好在不严重,想想真后怕啊!

经过半个小时的车程,它们终于到达了目的地,猩猩老师打开车门,让学生们排好队,依次下车,"孩子们,祝你们有一次快乐、安全的春游。"

考考你

1. 父母问:嘻嘻猴做了什么危险的动作,让它被汽车的天窗卡住了?

   宝宝回答:＿＿＿＿＿＿＿＿＿＿＿＿＿＿

2. 父母问:我们在坐车的时候能把头伸出窗外吗?

   宝宝回答:＿＿＿＿＿＿＿＿＿＿＿＿＿＿

3. 父母问:你知道为什么上下车要排队吗?

   宝宝回答:＿＿＿＿＿＿＿＿＿＿＿＿＿＿

儿歌：安全乘车儿歌

小朋友要上车,

先站队秩序好,

一不抢二不挤,

上车后快坐好,

安全带要系好,

赶紧扶好把手,

我们要出发了,

手头远离车窗,

好父母都是故事大王

天窗更不能碰,
下车后不要跑,
左看看右看看,
安全定记心间。

第四章

培养孩子良好的性格

好父母都是故事大王

"胆小鬼"的蜕变——让孩子勇敢起来

有人说，孩子胆小是天生的。其实不然，据心理学家研究，婴儿生来惧怕的东西只有两种：一种是怪而大的声音；一种是身体失去支持而跌倒。也就是说，孩子其他的恐惧心理都是后天养成的，而"后天"主要包括孩子的生活环境，家长的自身行为以及教育子女的方式等。遗憾的是，很多家长并没有意识到这一点，而是把孩子胆小归结为天性。

好友的孩子生了虫牙，需要拔掉，好友担心孩子太疼会哭闹，让我陪同前往。路上，好友一直在安慰孩子："别怕，只有一点疼，妈妈会陪在你的身边。"谁知，进了诊疗室后，孩子却抓住妈妈的手不肯放，哭闹不止，就是不肯配合医生，我在一旁也跟着好友劝孩子。

这时，一位老大夫走过来对我们说："请你们出去，把孩子交给我。"我和好友忐忑不安地站在门外等候，好友着急得在地上打转，不停地问我："我的孩子没事吧？万一他一闹把牙齿拔坏了怎么办？"我也从刚才安慰孩子变成了安慰孩子妈妈。

不大一会儿工夫，孩子平静地出来了，好友一把抓住孩子的胳膊，急切地问："疼吗？你哭了吗？"孩子摇了摇头，"不太疼，我一声都没哭。"好友疑惑地问大夫这是为什么，老大夫笑着说："其实，孩子一点都不害怕，是因为你把自己的紧张、害怕传递给了他，你离开了，

第四章 培养孩子良好的性格

他自然就不害怕了。"

这的确是我们经常忽视的问题，平时我们总是教育孩子要勇敢，要坚强，但是我们的表情却出卖了我们，其实，我们比他还紧张呢？孩子是极其敏感的，他能感受到这种情绪。

再比如，有的孩子在众人面前说话、表演，显得十分胆怯，这常常是因为过去说错了，表演得不好受到了他人的"嘲笑"所致；有的孩子害怕某种小动物，多是由于不愉快的经历引起的；有的孩子怕黑，可能是因为有人吓唬过他……总之，孩子所有恐惧的背后都是有一定原因的，如果我们能够找出这些原因，帮助孩子建立起正确的认知，就无从有恐惧一说了。

每个孩子在成长的道路上都会遇到一些挫折和困难，胆小懦弱的孩子往往没有坚强的意志去克服困难和挫折，而坚强勇敢的孩子则能够凭借坚强的意志，战胜困难和挫折，取得成功。所以，聪明的父母应该从小就重视培养孩子坚强、勇敢的品质。

首先，希望孩子坚强，父母先要坚强起来。

只有坚强的父母才能教育出坚强的孩子，这种坚强并不是停留在口头上，而是切切实实地做到，孩子摔跤头上磕了一个包，孩子自己还没有哭，家长先紧张起来，这必然会引起孩子的哭闹，其实，父母不在身边，孩子往往会自己爬起来，就像什么也没发生，继续玩，有父母在身边，孩子就变得娇贵了。

我们总以为孩子很脆弱，很多时候需要我们的帮助，殊不知，大部分的帮助都是多余的，孩子比我们想象的要坚强得多，勇敢得多，放开手，给孩子自己一次独立面对困难和痛苦，经受锻炼和考验的机会吧。

其次，让孩子吃点苦不是坏事。

亲身下河知深浅，亲口尝梨知酸甜。一次亲身体验胜过千百次的告诚。从小没有吃过苦的孩子很容易被困难打倒，总感觉不知足。以前我儿子非常挑食，每次吃饭都说这个菜烧得不好吃那个菜没味道，后来我让他亲自动手尝试，油点溅到手上，痛得他眼泪围着眼圈转，有了这次经历，他再也不挑食了。

第三，给孩子设置必要的障碍。

这听起来有些不可思议，因为这与家长千万百计地给孩子提供帮助，走捷径，正好背道而驰。当然设置障碍要有针对性，比如，住在城市里的孩子生活条件优越，上下楼坐电梯，出门有私家车，甚至还有保姆伺候。针对这种情况，你可以让孩子不乘电梯，坚持每天上下楼，可以由坐私家车上学改为乘公交车，如果学校较近，还可以走路去。

此外，在孩子遇到困难要退缩之时，要鼓励孩子再坚持一下，成功与失败仅一步之遥，咬紧牙关，挺过去了，就成功了。

宝宝听故事

谁最勇敢

周末的森林热闹非凡，嘻嘻猴、叮叮鼠、丫丫兔还有多多熊在一起比谁最勇敢，它们谁都不甘示弱，都说自己是森林里最勇敢的小动物。

多多熊说："我的力气最大，一掌能把大树推倒，连大灰狼都让我三分，我当然是森林里最勇敢的小动物。"

"可你有我身体灵活吗？那么高的树，我一眨眼的功夫就能爬上去，你们有我勇敢吗？"嘻嘻猴不甘示弱。

"你能爬树，你能入地吗？我可以不费吹灰之力就能钻到地底下，你们找都找不到。"叮叮鼠自豪地拍着肚皮。

第四章　培养孩子良好的性格

"我也不比你们差,我跑得很快,可以在大灰狼快要追上我的时候,迅速转身,你们能做到吗?"丫丫兔争论得都急红了眼睛。

"哼!"大家谁都不服气,就在这时,一条眼镜蛇从草丛里钻了出来,小动物们吓得尖叫起来,纷纷逃窜。

眼镜蛇张开血盆大口,朝小动物们迅速地爬了过去,眼看着就要追上多多熊了,就在这危急时刻,一只在草丛里睡觉的小刺猬听到了动静,将身体攒成一个球,咕噜一下就用刺扎到了眼镜蛇,疼得眼镜蛇使劲地扭动着身体,小刺猬使出浑身力气,死死地压住眼镜蛇,最终眼镜蛇疼痛得死去了,小动物们得救了。

考考你

1.父母问:嘻嘻猴、叮叮鼠、丫丫兔,还有多多熊,它们在比什么?

宝宝回答:＿＿＿＿＿＿＿＿＿＿＿＿＿＿＿

2.父母问:谁的身体最灵活?

宝宝回答：_____

3.父母问：是谁拯救了小动物们，你认为谁是最勇敢的？

宝宝回答：_____

既聪明又勇敢的丫丫兔

一大早，门外就传来了哭声，丫丫兔揉了揉眼睛，侧耳倾听，好像是鸡婆婆，丫丫兔打开门，看到鸡婆婆正蹲在自家的门口哭泣。

"鸡婆婆，你怎么了，哭得这么伤心啊？"

"昨晚上，我两个可怜的孩子被山后的大灰狼叼走了，呜呜……"鸡婆婆哭得更加伤心了。

"这个可恶的大灰狼，我一定要打败它，找到鸡婆婆的孩子。"丫丫兔暗暗下决心，可是凭借它一个人的力量是很难打败大灰狼的，于是，它找好朋友嘻嘻猴、多多熊来帮忙。

"大灰狼太厉害了，有锋利的牙齿，一下子就能把我们吞进肚子了，我们怎么能打败它呢？"嘻嘻猴垂头丧气地说。

"是啊！虽然我的力气大，但大灰狼跑得太快，我根本追不上它，我看还是算了吧。"多多熊无可奈何地说。

"那怎么行，我们只要开动脑筋想办法，一定能打败大灰狼的。"丫丫兔不甘心，它托着下巴冥思苦想，突然它大叫一声，"有了！"它把想到的好主意告诉了好朋友。

三个好朋友来到鸡婆婆的家门口，多多熊的力气大，三下五除二就在鸡婆婆的家门口挖了一个很深的洞。嘻嘻猴从树上折来树枝，轻轻地放在洞口，丫丫兔又拿来一些草放在上面，洞口就被掩盖好了。

晚上，三个好朋友躲在鸡婆婆的家里，到了半夜的时候，门外传来一阵脚步声。大灰狼正蹑手蹑脚地向鸡婆婆家靠近，"昨天抓了两只小鸡仔，今天再把鸡妈妈抓回去，就可以做一锅热气腾腾的鸡汤了。"想到美味的鸡汤，大灰狼的口水都流下来了。

"哎哟！"大灰狼一下子落到了丫丫兔它们挖好的洞里面，听到声音，丫丫兔、嘻嘻猴、多多熊从鸡婆婆家跑了出来，搬起事先准备好的石头，狠狠地砸向洞里，大灰狼痛得哇哇大叫，一下两下……不一会儿，大灰狼就没了声音。

鸡婆婆和它的孩子们得救了！

考考你

1. 父母问：是谁抓走了鸡婆婆的孩子？

   宝宝回答：_____

2. 父母问：丫丫兔想出了一个怎样的办法来救鸡婆婆的？

   宝宝回答：_____

3. 父母问：遇到强大的敌人，我们应该怎么办？

   宝宝回答：_____

给"急性子"宝宝来降火 ——急躁的孩子怎么教

每个家长都希望孩子能有好性格，能够好好适应环境，可是有些孩子就是急性子，没耐性，做事虎头蛇尾不说，还动不动就发脾气，让人头疼不已。面对这些急脾气的宝宝，家长要懂得降火的秘诀。

我儿子曾经也是个急性子，说要喝奶，就必须马上给倒好，晚一会

好父母都是故事大王

儿，又是喊叫，又是跺脚，老公为了图耳根清净，一般都会神速地帮儿子弄好，可越是这样，儿子越会变本加厉。

显然，对待儿子只说教是不起作用的，弄不好还会适得其反。后来，我想了一个办法，每次儿子让我做什么事情时，我就会告诉他等一会儿，对于三四岁的孩子来说，他或许并不太明白等一会是多长时间，我就告诉他，"儿子，你从1数到20就可以了。"

我这样做的目的是让孩子知道等一会到底是多长时间，让他有一个真实的感受，这样孩子就能了解"等待"只是一小段时间，不会大喊大叫了。

总之，让孩子学会等待，并不是让他坐在那里一动不动，他可没有那么大的定力，当然也不能一下子就让他等五分钟，应结合孩子的特点，适当等一会儿即可。如果孩子不能耐心地等上一分钟，你可以不理会他，并告诉他其中的原因，让他明白不能学会等待，等待的时间会更长。

你还可以通过转移注意力的方法让孩子学会等待，比如，在你忙着做事情时，给孩子一件玩具，或者给他一张画纸，一些平时他感兴趣的事情做，这便于他打发时间。

总之，训练孩子的耐性，学会等待，应与孩子知道的一些事情联系在一起，这样更直接，更感性，更容易让孩子记住，你总强调五分钟，那是没有任何意义的。你不妨说："你用5分钟的时间把你的玩具收好，我就可以给你讲故事了。"这样孩子就会慢慢理解时间长短的概念了。

第四章 培养孩子良好的性格

宝宝听故事

嘻嘻猴是个急脾气

森林里有一家有名的猴王快餐店，老板是嘻嘻猴的爸爸，嘻嘻猴是个孝顺的孩子，它经常帮助爸爸妈妈照顾生意。

一天中午，快餐店的人真多呀！猴爸爸、猴妈妈忙得不可开交，汗水都湿透了背心，嘻嘻猴看了非常心疼，对爸爸妈妈说："我来帮你们吧，你们太辛苦了！"

"嘻嘻猴，快往锅里放一勺盐。"猴妈妈吩咐道。

嘻嘻猴拿起一个装有白色物体的罐子就朝锅里道。

"嘻嘻猴，快去给山羊伯伯结账！"猴爸爸着急得喊道。

"山羊伯伯，一共是49块钱！"嘻嘻猴脑子转得快，一下子就算出来了。

"不对，我吃了一盘红烧肉26块钱，还要了一个爆炒腰花20块钱，怎么会是49呢？"山羊伯伯质问道。

好父母都是故事大王

"不……不好意思！"嘻嘻猴挠了挠头说："我把26看成29了！"

这边刚忙活完，鸡婆婆又抱怨起来，"这炒的是什么菜啊？太甜了！"

"这……"嘻嘻猴尝了一口，原来刚才它把白糖错当成了盐，猴妈妈赶紧又炒过一盘。

好不容易忙得太阳下山了，猴王快餐店打烊了，猴妈妈却累得不轻，腰痛得都直不起来了。

嘻嘻猴在抽屉里一通乱翻，拿出一盒药让妈妈服下，"妈妈，这是止痛药，吃了腰就不痛了。"

谁知，妈妈服药后全身抽搐起来，嘻嘻猴仔细一看药盒，原来它给妈妈吃的是感冒药，猴妈妈出现了药物过敏的症状。嘻嘻猴这下没了主意，赶紧喊邻居多多熊一家来帮忙，熊妈妈叫了救护车把猴妈妈送到了医院，医生给猴妈妈洗胃，猴妈妈脱离了危险。

熊妈妈对嘻嘻猴说："多危险啊！以后你要记住无论做什么事情都不要着急，遇事别慌，如果做事爱着急会出大事的。"嘻嘻猴点了点头。从那以后，它改掉了急脾气，变成了一个儒雅的小绅士。

考考你

1. 父母问：嘻嘻猴是个孝顺的孩子吗？为什么？

   宝宝回答：_____

2. 父母问：嘻嘻猴做了哪些错事？

   宝宝回答：_____

3. 父母问：是谁帮助嘻嘻猴将猴妈妈送到了医院？

   宝宝回答：_____

第四章　培养孩子良好的性格

儿歌：急脾气真害人

嘻嘻猴聪明又能干，
可惜是个急脾气。
做起事情颠三又倒四，
不是忘这就忘那。
白糖当食盐，
6与9都不分，
喂下妈妈过敏药。
你说气人不气人。
害得爸爸忙得团团转，
惹得妈妈怒火心中起。
急脾气害人真不浅，真不浅！

宝宝你很棒——自信的孩子有未来

　　自信是走向成功的起点，自信的孩子能积极地参加各种活动，主动与人交往，勇敢地面对困难，较快地适应环境，大胆地尝试新事物。所以，父母一定要注意保护孩子的自信。

　　4岁半的小雨身材苗条，皮肤白皙，人见人爱，幼儿园里的老师和亲朋好友经常夸小雨，这让小雨的父母感到十分欣慰，将女儿视为"掌上明珠"，对她的期望很高，为孩子报了舞蹈班，还聘请钢琴老师教她学

好父母都是故事大王

习弹钢琴。

父母不惜重金进行教育投资的同时，也对女儿提出了严格要求和训练标准，希望她能在幼儿舞蹈大赛中获得一等奖，钢琴通过七级。然而，在表演中，小雨因失误错失了第一名。她觉得辜负了父母和老师的希望，觉得自己很笨，从此变得不再自信了。

要知道，3~6岁的幼儿具有向上意志，追求优越，希望通过自己的良好表现获得父母、老师以及同伴的认可，如果父母再给孩子施加一定的压力，就会让孩子不堪重负。

诚然，望子成龙，望女成凤，是天下父母共同的心愿。但是过高的期望会给孩子带来巨大的压力，一旦达不到，孩子的自信心就会受挫。所以，我们不能对孩子说"只允许成功，不允许失败"、"必须获第一"这样的话。

同时我们要明白每个孩子都有自己的优点和缺点，不可能要求孩子是全能手，不要给孩子设置过高的标杆。孩子进步是需要一个过程的，不能操之过急，要多份关心和耐心。家长对孩子充满信心，孩子才能对自己有信心。

此外，父母还要善于发现孩子的优点，如果你的孩子比较胆小，千万别把"你是胆小鬼"这句话放在嘴边，当孩子有大胆的举动时，一定要及时给予鼓励，甚至夸张的表扬都不为过。同时要发展地看待孩子，肯定孩子的进步，切勿在孩子取得进步的时候泼凉水，"你得意什么呀？取得一点进步就得意忘形！"这会伤害孩子的自尊心，挫伤孩子的自信心，当孩子进步时，最好的鼓励莫过于一句：宝贝，你太棒了！

当然，孩子的自信不是一蹴而成，需要父母不断地强化，让孩子在反复训练中逐步树立起自信的观念，去克服人生道路上的种种艰难险阻和迎接各种挑战。

第四章　培养孩子良好的性格

宝宝听故事

找回自信的丫丫兔

森林里要举行一年一届的运动会，小动物们踊跃报名参加，嘻嘻猴、哈哈狗、多多熊，就连叮叮鼠都报了名，可擅长奔跑的丫丫兔却不敢报名。

"哈哈，原来丫丫兔是个胆小鬼！"嘻嘻猴嘲笑地说。

"我……我……不是！"丫丫兔急忙辩解道。

"我知道了，你害怕输给乌龟，我们都知道龟兔赛跑的故事，你们兔子输了，真丢人！"哈哈狗这个讨厌的家伙，一下子就戳到了丫丫兔心里的痛处。

丫丫兔伤心地跑回了家，爬在自己的小床上哇哇大哭起来，它的哭声惊动了正在墙角织网的蜘蛛，"咦？丫丫兔，你怎么哭得这么伤心啊？"

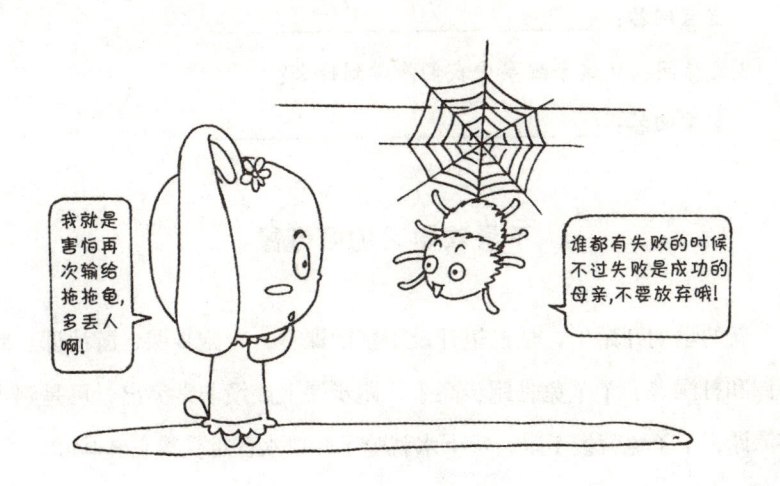

> 我就是害怕再次输给拖拖龟，多丢人啊！

> 谁都有失败的时候，不过失败是成功的母亲，不要放弃哦！

117

好父母都是故事大王

丫丫兔把事情一五一十地讲了出来，蜘蛛听后哈哈大笑起来，"你们兔子最高时速可以达到每小时七八十公里，你却不敢参加比赛，看来你是自信心不足啊！"

"可是……我们也曾输给过跑得最慢的乌龟啊！要是再输了，多丢人啊！"丫丫兔还是有些不自信。

"谁都经历过失败，你看我每次要把网结得牢固，不知道要从网上掉下来多少次，风一吹雨一打，就要重来，但是我们从来都没放弃过，因为我们相信自己一定能织出最好的网。"

就在蜘蛛说话的工夫，一阵狂风吹来，刚刚织好的网又破了一个洞，但蜘蛛并没有停下来，继续努力。丫丫兔一下子明白了，它高高兴兴地去报名了。

考考你

1.父母问：丫丫兔为什么不敢报名参加比赛？

　宝宝回答：_____

2.父母问：是谁帮助丫丫兔找回了自信？

　宝宝回答：_____

3.父母问：从这个故事中我们能学到什么？

　宝宝回答：_____

不喜欢学习的叮叮鼠

新的学期开始了，学校里开设了新的课程，有跑步课、游泳课、跳高课和打洞课，丫丫兔是跑步高手，跑步课上成绩非常突出，可是到了游泳课，丫丫兔就傻了眼，一下水就呛了几口水，难受得它哇哇吐。

第四章　培养孩子良好的性格

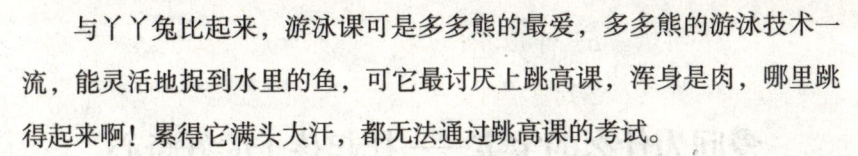

与丫丫兔比起来，游泳课可是多多熊的最爱，多多熊的游泳技术一流，能灵活地捉到水里的鱼，可它最讨厌上跳高课，浑身是肉，哪里跳得起来啊！累得它满头大汗，都无法通过跳高课的考试。

嘻嘻猴最高兴的就是上跳高课，它可是天生的弹跳高手，跑步成绩也能勉强及格，就是这游泳课、打洞课可把嘻嘻猴愁坏了，每次上打洞课，嘻嘻猴弄得浑身是土，手掌都磨出了泡。

叮叮鼠天生是打洞高手，打洞课自然不在话下，其他的课程它根本就不上，比起愁眉苦脸的丫丫兔、嘻嘻猴、多多熊，叮叮鼠可开心了，这让小动物们非常不解。

"叮叮鼠，你不担心无法通过课程考试吗？"丫丫兔问。

"我为什么要担心呢？我本来就不是那块料，何必强迫自己去学习游泳、跳高、跑步呢？"叮叮鼠自信地回答："我一直为我自己是只老鼠感到骄傲，你知道吗？人类的地铁就是受到我们鼠类打洞的启示设计的。"

考考你

1. 父母问：新的学期，动物学校里新开设了哪些课程？

　　宝宝回答：＿＿＿＿＿＿＿＿＿＿＿＿＿＿＿＿

2. 父母问：谁是跳高高手？

　　宝宝回答：＿＿＿＿＿＿＿＿＿＿＿＿＿＿＿＿

3. 父母问：你认为嘻嘻猴、多多熊、丫丫兔、叮叮鼠，它们中谁最自信？

　　宝宝回答：＿＿＿＿＿＿＿＿＿＿＿＿＿＿＿＿

好父母都是故事大王

爱问为什么的宝宝——托起孩子的好奇心

孩子一出生,就对这个世界充满了好奇,然而,父母却总在不经意间打消他们探索的积极性,从而泯灭了孩子的好奇心与探索欲望。

情景1:糖糖两岁,是个顽皮的小男孩,喜欢拿着东西到处敲敲打打,一会儿用玩具车敲皮球,一会儿又拿着瓶瓶罐罐互相敲打,就连吃饭的时候,都无法安静下来,拿着筷子敲敲这个碗,打打那个盘子。

"你真烦人!不许再敲了,再敲就打你的屁股!"妈妈忍无可忍发怒了,可糖糖才不管,继续做着自己喜欢的敲打游戏,啪的一声,妈妈的巴掌落在了糖糖的屁股上,糖糖痛得哇哇大哭。

情景2:芊芊,女孩,三岁半,这个小家伙满脑子都是问号,真可以称得上十万个为什么。一天,爸爸带芊芊去植物园玩,芊芊总是问个不停:爸爸,这是什么花啊?这个花为什么是红色的呢?花瓣上的小虫子是什么呀……

芊芊的爸爸耐着性子一一给女儿解释,游玩途中,爸爸拿出栗子给芊芊吃,芊芊拿过来就往嘴巴里放,爸爸告诉她,吃栗子要剥皮。"为什么呀?""你怎么那么多为什么呀?再有这么多为什么,就不要吃啦!"爸爸终于忍不住发脾气了。

以上两个场景,你一定不会陌生吧?很多孩子在最初探索欲望是非常强烈的,但是后来在成人的再三教育下,渐渐地失去了好奇心、探索欲望。那么,父母该如何保护、激发孩子的好奇心呢?

第四章 培养孩子良好的性格

首先，我们应该明白，0~3岁的孩子，好动、好摸，甚至有时会采取一些比较过激的行为来满足他们的好奇心，比如，砸坏玩具、拔出花草、捞起金鱼等等，这些破坏行为，对孩子而言是非常有意义，有价值的。因为孩子可以在实践中体验并积累经验，所以，在安全的情况下，还是多让孩子自己动手操作吧。

其次，注意引导孩子的好奇心。幼儿的认知是有限的，他们常常会问很多奇奇怪怪的问题，特别是1岁半到2岁半的孩子总爱问"这是什么，那是什么"，三四岁时，爱问"为什么"，而且擅长打破沙锅问到底。父母切勿用承认的思维方式来束缚孩子的想象，当然也不能因为繁忙而搪塞、敷衍孩子，你要认真回答孩子提出的问题，而且这个答案一定是孩子能够理解并能继续思考的，这对孩子进一步探索是非常有帮助的。

比如，你回答孩子吃栗子需要剥皮之后，还可以继续启发他：你想一想哪些水果需要剥皮，如果孩子回答香蕉也需要剥皮，你还可以继续问：你知道栗子与香蕉有什么不同吗？

科学家培根曾经说过："好奇心是幼儿智慧的嫩芽。"幼儿对世界的认识是从好奇开始的，强烈的好奇心会增强幼儿的求知欲，对创造性思维与想象力的形成具有十分重要的意义。所以，作为家长一定要好好呵护孩子的好奇心，激发孩子的探索欲望。

好父母都是故事大王

宝宝听故事

钻木取火

春天来了，森林里的树木长出了叶子，花儿盛开了，满地都是，有红的，有黄的，还有蓝色的，非常漂亮。森林里的小动物们纷纷走出家门，拥抱美丽的春天。

"春天真是太美了！"丫丫兔将一朵鲜花放在鼻子边闻了闻。

"春天是野炊的好季节，我们明天去野炊怎么样？"咪咪猫提议说。

"太好了！"咪咪猫的提议立刻得到了小伙伴们的支持。

第二天一大早，哈哈狗提着肉骨头，咪咪猫拎着一篮子鱼，丫丫兔扛了一根大胡萝卜，多多熊带了一瓶子蜂蜜，朝森林深处走去。

它们可开心了，一会儿忙着和小蜜蜂打招呼，一会儿又和蝴蝶在花

第四章 培养孩子良好的性格

丛间跳来跳去，转眼的功夫，大半天就过去了。

"咕噜噜，咕噜噜……"多多熊的肚子饿得都叫了，"我们赶紧做午饭吧。"

小动物们找了一块空地，拿出自己带的食物，哈哈狗捡来柴禾，准备做饭。

"哎呀！不好，没有火柴怎么点火做饭呢！"丫丫兔大叫起来，这下可难倒了小动物们，个个愁眉苦脸的，哈哈狗焦急地转来转去，突然它灵机一动，想起那次在森林里看到一位猎人拿着两块木头来来回回地摩擦，最后竟然擦出了火花。后来，哈哈狗的爸爸告诉它那叫钻木取火。

"有办法了！"哈哈狗一蹦三尺高，它找来两根干燥的木头，让力气大的多多熊来回地摩擦，不大一会儿工夫，就燃起了火苗。

"你太棒了！"大家纷纷向哈哈狗竖起了大拇指，哈哈狗不好意思地挠着头说："爸爸告诉我，平时要多一些好奇心，关键时刻就能起到大作用！"

考考你

1. 父母问：都是谁去森林里野炊了？

   宝宝回答：＿＿＿＿＿＿＿＿＿＿＿＿＿＿＿＿＿＿＿＿

2. 父母问：多多熊带上什么去野炊了？

   宝宝回答：＿＿＿＿＿＿＿＿＿＿＿＿＿＿＿＿＿＿＿＿

3. 父母问：是谁找来了火源？

   宝宝回答：＿＿＿＿＿＿＿＿＿＿＿＿＿＿＿＿＿＿＿＿

好父母都是故事大王

好奇心的代价

　　天还没有亮，森林里静悄悄的，小动物们还在温暖的床上做着甜甜的美梦。突然，森林深处闪过一个人影，又迅速消失了。

　　过了一会儿，天边泛出了鱼肚白，天渐渐地亮了，哈哈狗、咪咪猫、多多熊、哼哼猪结伴去上学，"太阳当空照，花儿对我笑，小鸟说早早早……"它们唱着欢快的歌朝学校走去。

　　经过一片草丛时，多多熊发现草丛里有一个亮晶晶的东西，"这是什么东西？"多多熊好奇地走了过去，伸手去摸。

　　"不要碰！"哈哈狗在后面大声地喊，"快住手！"

　　可是太晚了，只听见唰的一声，一个巨大的笼子从天而降，哈哈狗、咪咪猫、多多熊、哼哼猪全被关在了笼子里。

　　"呜呜……这可怎么办啊？我们会被猎人抓走的。"咪咪猫害怕得哭起来，原来那是猎人设下的陷阱。

　　"不要，我不要被抓走，我要回家！"哼哼猪大声地叫起来。

　　多多熊则使出全身的力气想把笼子搬开，但是那笼子是铁制成的，太重了，它根本就搬不动。

　　"哈哈狗，你最聪明，快想想办法吧！"大家把希望都寄托在哈哈狗身上。

　　哈哈狗想了一会儿，想出了一个好主意，它将草丛里那个亮晶晶的东西捡起来一看，原来是一个玻璃片，它对着阳光，将光通过玻璃折射出去，并不断地晃来晃去，刺眼的光线正好照射到松鼠蹦蹦身上，"咦？这是什么东西啊？"

　　蹦蹦沿着光线找过来，发现了被困的小伙伴，立刻报告给了大象探长，不一会大象探长就带着它的手下赶来救援，最终小动物们得救了！

考考你

1. 父母问：是谁扣动了猎人的陷阱？

   宝宝回答：_____

2. 父母问：哈哈狗通过什么办法解救了大家？

   宝宝回答：_____

3. 父母问：通过这件事，我们受到了哪些启示？

   宝宝回答：_____

不是我的错——孩子没有责任心是谁的错

美国心理学家托马斯、哈里森等人曾根据大脑生理学和心理学的最新研究指出，在童年时期记录在大脑中的"家长意识"，即由"家长或相当于家长的人身体力行、言传身教所提供的'外部经验'，将永久记录在每个人的'人格'磁带上，它在人生的过程中都会自动播放"。

举一个简单的例子，在生活中，我们会发现有些人做错了事之后，会习惯性地找"借口"推卸责任，"这不是我的错，要不是他……"外人很难理解他的行为，明明是自己的错误，为什么总要找借口辩护，推卸责任，死不认账呢？因为这已经是他根深蒂固的思维模式，这种模式在他很小的时候就被父母灌入脑中了。

邻居家的小孩琪琪，今年5岁，她最爱说的一句话就是："不是我的错！"走路不小心摔了一跤，爬起来，就会朝地上狠狠地踩两脚，边

好父母都是故事大王

踩边说:"谁让你绊倒我,打死你!"第一次看孩子这样做,我感到奇怪,这孩子干吗和地较劲呢?

后来,偶然发生的一件事,让我找到了答案。一次我经过琪琪上的幼儿园,琪琪的爸爸妈妈,还有奶奶都在幼儿园门口。只见奶奶拉着一个孩子的胳膊,假装打那个孩子的屁股,嘴上还念念有词:"你欺负我家宝宝,我打你屁股。"被拉住的孩子虽然没挨打,但被老人的假动作吓得哇哇大叫,站在一旁的琪琪则欢呼雀跃。原来,琪琪在幼儿园受了"委屈",为了给孩子出气,她的家人就摆出了这样的阵势。

看过琪琪家人的行为,我们就不难理解琪琪的行为了,琪琪的行为是依葫芦画瓢,学家长的动作所致,慢慢地,孩子就会觉得生活中所有的"不幸"都是别人造成的,不是自己的错,当然也就无所谓责任心和担当了。

作为家长,要从小培养孩子的责任心,不要等到孩子长大了,再来责备孩子:你怎么不自己找找原因?到那时一切都晚了,你已经从小为他建立了一套模式,不是说改就能改的。那么,如何培养孩子的责任心呢?

首先,从家庭日常小事做起,家长要让孩子认识到自己是家庭中的一员,有义务为这个家庭做一些力所能及的事情,家长可以有意识地给孩子布置一些任务,让他来完成。当然,你要学会用孩子能理解的方式告诉他,其实,这也是培养孩子独立性的一个很好的途径。

其次,家长的榜样作用不可替代,责任心的培养是在不知不觉的潜移默化中形成的,你对待学习、工作的认真态度、坚持性和责任感都将成为孩子学习的榜样。此外,如果你能有意识地与孩子谈自己的工作,把自己完成一项任务、克服困难后的愉快和成就感传递给孩子,就会使孩子更具体地感觉到责任意识在生活中的重要性,主动、

第四章 培养孩子良好的性格

积极地养成责任习惯。

第三，采用"游戏法"增加孩子对责任心的理解。如让孩子在游戏中扮演一定的角色，比如父母或老师，由父母来扮演宝宝，通过角色互换，可以加深宝宝对责任心的理解。

总之，只有父母不代替，才会让孩子学会自我负责，一个人只有自我负责，才有可能真正地成才。

宝宝听故事

今天我值日

今天是周五，一想到放学后就可以跟着爸爸妈妈去姨妈家玩，哼哼猪恨不得时间走得快点，再快点，它的心思已经飞到了窗外。好不容易盼到下课铃声响起，哼哼猪拎起书包就往外跑。

"哼哼猪，哼哼猪，今天该你值日！"哈哈狗大声地喊。

"真扫兴！"哼哼猪耷拉着脑袋，拿起笤帚三下五除二就把教室打扫了一遍，然后飞快地拿起书包朝家的方向跑去。

晚上，哼哼猪和爸爸妈妈去姨妈家做客，正在吃饭的时候，突然电闪雷鸣，狂风大作。

"看来，天要下雨了！"哼哼猪的妈妈朝窗外看了看，它突然想起家里的窗户还没有关，立刻跑回家里，幸亏回来得及时，不然雨水就跑到家里来了。

"哎呀！"哼哼猪突然想起教室的门窗都没有关，这可怎么办呢？会不会把桌椅板凳都淋湿呢？哼哼猪有些害怕，但它转念一想，安慰自己说："不用那么紧张，说不定会有人把门窗关好呢！"

好父母都是故事大王

哼哼猪在忐忑不安中度过了周末，星期一它背着书包去上学，在教室门口看到同学们都围在一起议论着。

"上周五是谁值日啊，怎么不记得关门窗啊？"

"现在桌椅板凳都淋湿了，该怎么上课呢？"

"最倒霉的就是我，你看我心爱的漫画书都被淋湿了，不能看了。"多多熊生气地说。

"哼哼猪，你知道上周五是谁值日吗？"丫丫兔发现了哼哼猪，问道。

"这……这……我……我不知……不知道。"哼哼猪的脸红得像苹果一样。

"哼！哼哼猪，周五明明该你值日，你为什么不敢承认呢？"哈哈狗大声地说。

"这……"哼哼猪被问得哑口无言，小动物们听说是因为哼哼猪才给它们造成了这么大的损失，纷纷责备哼哼猪，还让哼哼猪赔偿它们的损失，哼哼猪急着哇哇大哭起来。

第四章 培养孩子良好的性格

考考你

1. 父母问：周五该谁值日？

   宝宝回答：_____

2. 父母问：是谁忘记关教室的门窗了？

   宝宝回答：_____

3. 父母问：哼哼猪是一个有责任心的人吗？为什么？

   宝宝回答：_____

有责任心的丫丫兔

丫丫兔5岁生日那天，妈妈送给它一个特别的生日礼物——太阳花种子，妈妈告诉丫丫兔，"你每天都要记得给太阳花浇水，隔上一段时间还要给它松土、除草、除虫，这样到了夏天来临的时候，太阳花就会开花了。"

丫丫兔按照妈妈的方法去做，找来一个大大的花盆，将太阳花种子小心翼翼地种在土里，每天天一亮，丫丫兔的第一件事就是跑去看太阳花，看它有没有发芽，可是都三天了，依然没有动静。

兔妈妈告诉丫丫兔不要着急，只要认真照顾太阳花，它就一定会发芽、开花的。第五天，太阳花终于破土而出了，那嫩嫩的芽好脆弱，好像一阵风就能把它刮倒一样。丫丫兔发誓一定要好好照顾太阳花。

从那以后，丫丫兔每天都会定时给太阳花浇水，隔上一段时间还要给它松土、捉虫、施肥。时间过得很快，树上的知了都开始叫了。一天中午，丫丫兔发现太阳花开花了，红红的花朵，是那么的鲜艳。

丫丫兔高兴得跳起来，"太阳花开花了，太阳花开花了！"

好父母都是故事大王

辛勤的小蜜蜂听到丫丫兔的喊声,赶来采蜜,"丫丫兔,你种的太阳花真是太漂亮了,它是我见过的最漂亮的花儿。"

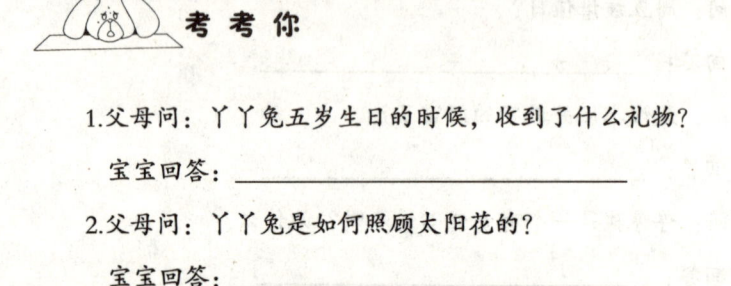

考考你

1. 父母问:丫丫兔五岁生日的时候,收到了什么礼物?

    宝宝回答:_____

2. 父母问:丫丫兔是如何照顾太阳花的?

    宝宝回答:_____

3. 父母问:我们应该向丫丫兔学习什么?

    宝宝回答:_____

今日事今日毕——幼儿自律能力培养

培养孩子的自律性,要把握好"自"与"律"之间的关系。过去,我们老一辈的家长非常重视"律",对孩子要求非常严格,有"棍棒底下出孝子"之说。现在的家长又非常重视孩子的"自",给孩子更多的自由,让他们顺其自然地发展。

其实,这两种情况都比较极端,前一种教养方式容易让孩子失去自我,让孩子产生逆反心理,失去快乐。后一种教养方式同样不利于孩子成长。让孩子学习自律是必须的,但要把握好火候,才能让孩子健康茁壮地成长。

我儿子特别喜欢看动画片《熊出没》,从学校一回来,就看个没完。到了吃饭的点,让他吃饭都要和我大闹一场。由于我的态度非常坚决,迫于压力,儿子也会非常不情愿地关了电视吃饭,但吃饭的心情大受影响,他总是担心动画片一会儿没有了,就胡乱地吃上两口,又跑去看电视。

我意识到在我的高压政策下是无法让儿子主动关上电视的,后来,我将吃饭的时间提前到了动画片开始之前。但还有一个问题就是,有好几个台都在播发《熊出没》,这个台播放完了,那个台还有,要让所有的台都播放完,要到晚上8点钟,儿子要足足看上两个小时。

于是,我跟儿子进行了一次交谈,"儿子,妈妈从今天开始,就不再管你看《熊出没》了,但是你只能选择一个台看,看完之后就要关了电视,可以吗?如果你做不到,以后就不能看《熊出没》了。"儿子的眼神中充满了怀疑。

晚上,儿子放学回来,打开电视开《熊出没》,我提醒他看的是少儿频道,半个小时过去了,《熊出没》播放完了,儿子拿着遥控器准备换台,看到我从书房出来,迟疑了一会儿,我没有批评他,而是对他说:"还记得我们的约定吗?"儿子不情愿地关了电视,情绪不佳。我拿来玩具与他一起进行拼图玩具,他的心情才慢慢地好起来。

第二天、第三天,依然如此,但儿子的心情明显好多了。一个星期后,儿子从学校回来,我会主动打开电视让他看《熊出没》,当然,他也能够按时关电视,我觉得这是信任起了作用。

通过这件事,我总结出一个经验:要培养孩子的自律性,就要给他一个有诱惑力的动机,儿子为了每天都能看到《熊出没》,只能每天看一点,否则他在以后的日子里就不能看了。当然要保证能够成功,还有很关键的一点,就是给他机会动手,让他自己去关电视,这样做的目的是训练他制定自己的规划、自己监督、自己总结反省,慢慢地他就能够

好父母都是故事大王

自己约束自己了,做父母的就轻松了,不用每天跟在他的屁股后面唠叨他,他烦,我们也烦。

宝宝听故事

都是拖拉的后果

多多熊为人憨厚,是个热心肠,大家都爱和它交朋友,但它有一个缺点就是太拖拉。

放暑假了,熊妈妈让多多熊上午写作业,多多熊就说:"上午让我玩一会儿吧,下午我再写作业也行。"到了下午,多多熊心想明天还有时间呢,还是明天再写作业吧。到了第二天,多多熊又说:"今天先玩吧,暑假时间长着呢,以后再写吧。"

就这样,多多熊拖来拖去,拖到最后都开学了,多多熊的作业也没有完成,被老师狠狠地批评了一顿。由于多多熊爱拖拉,平时不爱做作业,到了学期末,所有的小动物都通过了学期考试,只有多多熊没有通过,考了个鸭蛋抱回了家,别的小动物们都升入了高一年级,多多熊只

好留级了。

多多熊不仅学习爱拖拉，平时做事也爱拖拉。一次，熊妈妈和熊爸爸到田里干农活，出门前对多多熊说："孩子，炉子上烧着水，记得水开后要关火。"多多熊哼了一声，继续看动画片，动画片太好看了，厨房传来水烧开的声音，多多熊也不愿动一动，总想过一会儿再去吧。

半个小时后，多多熊还在看动画片。这时从厨房里冒出滚滚浓烟，在附近玩耍的嘻嘻猴见到起火了，立马拨打了119，幸亏发现得及时，才避免了更大的损失。这下多多熊终于认识到了拖拉的严重后果，他发誓一定要改掉拖拉的坏毛病。

考考你

1. 父母问：多多熊有一个怎样的缺点？
   宝宝回答：_____

2. 父母问：为什么多多熊留级了？
   宝宝回答：_____

3. 父母问：多多熊家为什么会着火呢？
   宝宝回答：_____

比比谁的鱼最多

冬天到了，雪花迎风飘舞，漫山遍野都被雪花点缀成了银白色。哈哈狗刚一开门，呼呼的北风就顽皮地钻进了它的衣领，"太冷了，还是回到床上睡觉吧。"哈哈狗一跳又回到了床上，这时它突然想起了和咪咪猫的约定，今天要去湖边进行钓鱼比赛。

"去还是不去呢？"哈哈狗左右为难，它望了望窗外的雪花，安慰

好父母都是故事大王

自己说："天这么冷，咪咪猫一定怕冷不去了。"哈哈狗继续躺在床上睡大觉。

咪咪猫起床后发现外面下了雪，它穿上了厚厚的大衣，出门去钓鱼。湖水都被冻住了，咪咪猫找来一块大石头，砸开了冰面，将鱼竿放进水里，耐心地等待鱼儿上钩。

中午的时候，雪停了，太阳出来了，森林也变得暖和起来，哈哈狗拿着鱼竿来到湖边准备钓鱼，它发现咪咪猫正拎着满满的一桶鱼儿准备回家，哈哈狗羞愧地低下了头，责备自己说："都怪我没有自律性，我输给了咪咪猫。"

考考你

1. 父母问：哈哈狗和咪咪猫相约进行什么比赛？

　　宝宝回答：_____

2. 父母问：哈哈狗和咪咪猫谁钓的鱼多？

　　宝宝回答：_____

3. 父母问：我们应该向哈哈狗学习，还是向咪咪猫学习，为什么？

　　宝宝回答：_____

爱翘尾巴的"孔雀公主"——谦虚会让孩子走得更远

人们常说，好孩子是夸出来的。不可否认，表扬在一定程度上能够起到激励、支持孩子的作用，但并不是每个家长都能正确地表扬孩子，

第四章 培养孩子良好的性格

能够正确地区分表扬与炫耀。

嘟嘟是一个非常优秀的小女孩，能歌善舞，经常代表幼儿园参加市里的比赛，多次获奖，在幼儿园里俨然一个小明星，老师们喜欢，家长们疼爱，尤其是孩子的奶奶逢人就夸嘟嘟多么多么的优秀。

"我家孩子天生是唱歌跳舞的料，老师只要教一遍，嘟嘟就能记住，有的孩子教一个上午都学不会。"

"我家嘟嘟今天又到区里去比赛了，肯定又能拿奖回来。"

时间久了，嘟嘟也觉得自己很了不起，总是在别的小朋友们面前炫耀自己。"你真笨，唱歌都跑调！" "我是最棒的，你们都不如我。"

前不久，嘟嘟在一次比赛中失误了，取得了第二名，嘟嘟竟然做出了一个惊人的动作，上去一把夺过第一名的奖品就跑，边跑边喊，"我才是最棒的！"

生活中，孩子骄傲、自负性格的形成与父母有着很大的关系。不少父母在教育孩子的时候总是轻易地、过多地表扬孩子，比如孩子取得个好成就，有的父母会一而再，再而三地炫耀，次数多了，孩子就会洋洋得意；还有的父母总认为自家孩子聪明，智商高，常常把这些话挂在嘴边，孩子在潜移默化的影响下，就会理所当然地认为自己比别人聪明，变得骄傲、自负。

莎士比亚曾经说过："一个骄傲的人，结果总是在骄傲里毁灭了自己。"在孩子成长的过程中，谦虚的品质是必不可少的，既有利于孩子虚心学习，踏实进步，也有助于建立良好的人际关系。

那么，该如何培养孩子谦虚的品质呢？首先我们从表扬孩子说起，表扬是需要的，但要适度，当孩子完成一件事时，父母要就事论事，适度地表扬，尽量不在当中表扬他，别人表扬他时，不能顺势也表扬自己的孩子，最好转移话题。特别是太优秀的孩子更经不起表扬，表扬过多很容易使孩子骄傲自满，所以，要有意识地避免过分表扬孩子，提醒大家一点，表扬孩子要注重表扬孩子的某种行为，而不是表扬孩子本身。

此外，还要对孩子进行挫折训练，让孩子尝试失败的教训，你可以有意将一些较难的事情交给孩子去做，当他没有完成任务时，要帮他分析原因，其目的是让他认识到自己也有不足之处，这对于消除他骄傲自满是非常有帮助的。

宝宝听故事

骄傲的咪咪猫

这个学期，咪咪猫考了第一名，它不仅受到了老师的表扬，还得到了一个漂亮的书包作为奖励，咪咪猫可得意了，看到谁都要炫耀一下自己的新书包。

放学回家的路上，咪咪猫看到正在田里耕作的牛伯伯，它大声地喊："牛伯伯，我考了第一名，老师发给我一个漂亮的新书包。"牛伯伯啧啧地把咪咪猫夸了一番。

回到家，咪咪猫把好消息和妈妈一起分享，咪咪猫的弟弟凑过来，看到姐姐的新书包，忍不住摸了一下，咪咪猫生气地打了弟弟一下，"不许你碰我的新书包，弄脏了怎么办？"

自从咪咪猫考了第一名之后，它连走路都把头抬得高高的，眼神中透露出一丝骄傲。一天晚上，哼哼猪来找咪咪猫，"咪咪猫你能帮帮我吗？我有道数学题不会做。"

"你真是个大笨蛋，这么简单的题目都不会做！"咪咪猫嘲笑地

说，哼哼猪气哼哼地走了。

猫妈妈对咪咪猫说："孩子，你要懂得谦虚，谦虚使人进步，骄傲使人落后。"咪咪猫摇着尾巴，大摇大摆地背上书包出了门，它才不理会妈妈的话呢，它要继续炫耀它的新书包。

很快，新学期结束了，这个学期的考试，咪咪猫却得了倒数第一名，它哭得可伤心了，看到哼哼猪拿了第一名，它更是生气得直跺脚。

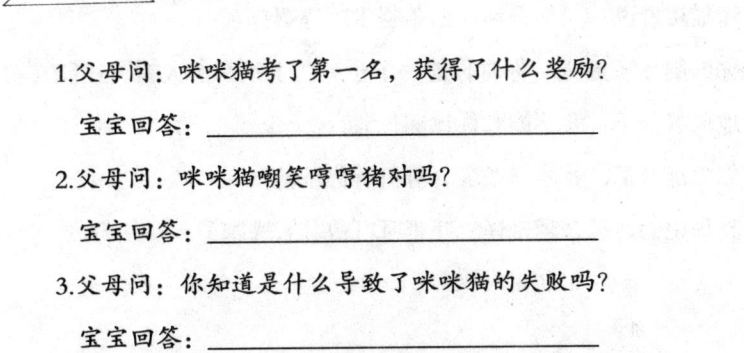

考考你

1.父母问：咪咪猫考了第一名，获得了什么奖励？

宝宝回答：_____

2.父母问：咪咪猫嘲笑哼哼猪对吗？

宝宝回答：_____

3.父母问：你知道是什么导致了咪咪猫的失败吗？

宝宝回答：_____

谦虚过度

自从咪咪猫考试失败后，它再也不骄傲了，因为妈妈告诉它，骄傲使人落后，谦虚使人进步。

一天，咪咪猫遇到了哈哈狗和牛伯伯，哈哈狗说："牛伯伯的力气最大，你看它能驮那么多的粮食，还能犁地呢！所以，我觉得牛伯伯是森林里的动物贡献最大的。"

牛伯伯不好意思地甩了甩尾巴说："哈哈狗，你可不能这样说，我只是做了该做的事情。我觉得你的贡献才是最大的，你的耳朵很灵，细小的声音你都能听到，每次大灰狼来之前，你都会发出警报，让我们做

好父母都是故事大王

好准备，你才是功臣呢！"

咪咪猫在一旁听到了哈哈狗和牛伯伯的对话，心想：原来这就是谦虚呀！太简单了，就是把自己说得小一点，少一点嘛！

咪咪猫领悟到了谦虚的真谛之后，继续朝前走去，迎面遇上了叮叮鼠，"叮叮鼠，你的胡子真漂亮！"

叮叮鼠听了很高兴，"过奖了，你的胡子才漂亮，又黑又长。"

"哪有啊，你的胡子比我的长，我的胡子是白色的，你的胡子才是黑色的呢！"咪咪猫的话让叮叮鼠感到很疑惑。

咪咪猫接着说："你看你的四条腿多矫健啊！"

"你的腿才矫健呢，你看你能一下子就爬上很高的大树，还能在树上灵活地荡着秋千，我不能和你比啊！"

"你太谦虚了，我才三条腿，哪里有你矫健！"

咪咪猫说的话越来越奇怪，吓得叮叮鼠赶紧逃跑了。

第四章　培养孩子良好的性格

考考你

1. 父母问：哈哈狗与牛伯伯在比什么？

   宝宝回答：_____

2. 父母问：咪咪猫是如何夸奖叮叮鼠的？

   宝宝回答：_____

3. 父母问：你认为咪咪猫谦虚吗？为什么？

   宝宝回答：_____

我来帮助你吧——呵护幼儿的爱心

"孩子太任性，太自私，一点都不体谅父母，有时气得你掉眼泪，他也无动于衷。"大凡对他人缺乏理解、关心和体谅的孩子都表现为任性和自私，其实这是他对别人缺乏爱心的具体表现。

孩子自我意识的迅速发展从一岁开始，在孩子2~3岁的时候，经常会说"我自己来"，这说明孩子的自我意识得到了一个质的变化，孩子的独立性也开始成长起来。此时，是对孩子进行爱心教育的重要时期。因为这个时候孩子已经能够区分自己与别人的不同。

我认为培养孩子的爱心，最重要的一点就是让孩子有所体会，怎么体会呢？角色互换是非常好的方法，也是孩子最喜欢玩的游戏。

一次，我感冒了，难受得躺在床上，儿子在一旁吵闹，非要我起来陪他玩。我对儿子说："你生病的时候，妈妈是如何照顾你的？"儿子眨了眨眼睛说："我生病发烧，你就陪在我身边，晚上都不敢睡觉。"

好父母都是故事大王

"那生病是不是很难受呢？"我继续问。

"嗯！"儿子点了点头，似乎明白了什么。

"这样吧，现在我来做生病的宝宝，你来当妈妈，你来照顾生病的宝宝好不好？"

儿子觉得这个游戏很好玩，爽快地答应了。我躺在床上，假装痛苦地呻吟，"妈妈，我的头好痛，你来帮我按摩一下。"儿子用他那稚嫩的小手在我的脑门上揉来揉去。

"我要喝水！"

"帮我把药拿过来。"

"我要吃苹果！"

儿子忙得团团转，最终败下阵来，"我累死了，你真麻烦！"

见状，我教育儿子说："我当初照顾你的时候也很累啊！所以，你应该体谅妈妈，在妈妈生病的时候不要打扰我，让我好好休息对吗？"

儿子立马向我道歉，一个人到客厅里去玩，不再打扰我了。

有些家长经常批评孩子没有爱心，对于三四岁的孩子来说，爱心是什么东西，他是不明白的，你不如直接告诉他如何去做，告诉他这样做了就是有爱心，当然，在这个过程中，还需要与孩子进行情感交流，将你的心理感受说出来，让孩子感同身受，这对他理解"爱心"一词是非常有帮助的。

平时也应该给孩子创造实施爱心的机会，如爸爸的生日就要到了，你可以暗示孩子如何表达对爸爸的爱；小伙伴摔倒了，引导孩子主动上前去帮助。当孩子付出行动后，以微笑的表情、赞扬的语气及时地给予表扬，这能激发孩子产生一种关爱他人后的愉快的心理体验，从而逐步形成把关爱他人当做乐趣的相对稳定的健康心理。

第四章 培养孩子良好的性格

宝宝听故事

盼望生病的哼哼猪

咪咪猫生病了，不能到学校上学，放学的时候，丫丫兔的好朋友哼哼猪、咪咪猫、嘻嘻猴去看望咪咪猫，咪咪猫躺在床上，猫妈妈正在给咪咪猫喂水果，又红又甜的大西瓜看着就让人流口水，金黄的木瓜散发出阵阵香味，馋得哼哼猪的口水都要流出来，心里暗暗地想：生病真好，生了病就可以吃到好多好吃的东西了。

哼哼猪忍不住问咪咪猫，"你是怎么生病的啊？"

"我不小心淋了雨就生病了。"咪咪猫难过地说。

从那以后，哼哼猪天天盼望下雨，一天，天空中下起了瓢泼大雨，哼哼猪可高兴了，跑到屋子外面淋雨，它又蹦又跳地喊道："终于下雨了，我终于可以生病了。"

好父母都是故事大王

猪妈妈大声地喊:"哼哼猪,快回来,淋雨会生病的。"可哼哼猪才不听妈妈的话呢,没办法,猪妈妈只能出去把哼哼猪拉了回来。

晚上,哼哼猪不停地打喷嚏,还发起了高烧,哼哼猪难受极了,猪妈妈在一旁照顾它,又是给它服药,又是给它量体温,忙得不可开交。

哼哼猪对妈妈说:"妈妈,我想吃大西瓜。"妈妈赶紧买来西瓜,一口一口地喂给哼哼猪。

两天后,哼哼猪的病好了,可是猪妈妈却因为照顾哼哼猪病倒了,哼哼猪可自责了,它知道生病太难受了,所以,它就学着妈妈照顾它的样子,精心地照顾着妈妈,还给妈妈买来红红的苹果,"妈妈,你吃一点吧,吃了病就会好的。"

猪妈妈抚摸着哼哼猪的头说:"你真是个有爱心的好孩子。"哼哼猪不好意思地说:"妈妈,我错了。"

考考你

1. 父母问:哼哼猪为什么盼望着生病?

    宝宝回答:_____

2. 父母问:哼哼猪是怎样让自己生病的?

    宝宝回答:_____

3. 父母问:哼哼猪是一个有爱心的孩子吗?为什么?

    宝宝回答:_____

不关我的事

班上来了一位新同学,是一只漂亮的小孔雀,它昂着高高的头,走起路来一扭一扭的,美丽的羽毛在空中飘来飘去。

第四章　培养孩子良好的性格

由于小孔雀的尾巴太长了，它走路的时候把哼哼猪的课本都弄到了地上，可小孔雀连看都不看一眼，哼哼猪生气地说："你弄掉了我的书，为什么不给我捡起来啊？"

"哼！不关我的事！"小孔雀大摇大摆地走了。

课间休息的时候，丫丫兔不小心摔了一跤，膝盖都破了，流了血，痛得哇哇大哭，小孔雀从丫丫兔的身边走过，连问都不问一声，丫丫兔哀求说："小孔雀，你扶我起来好吗？"小孔雀低头看了一眼，"哼！不关我的事！"

因为小孔雀不关心他人，大家都不喜欢和它做朋友，小孔雀可孤单了，总是独来独往，它也想和其他人一起做游戏，一起上学，但是小动物们看到它就走开了，根本不理它。

一天，小孔雀独自一个人去上学，在经过一片草丛时，被荆棘给缠住了，动弹不得。小孔雀大声地喊救命啊，救命啊，可是没有一个人来救它，小孔雀着急得流下了眼泪，就在它伤心失望的时候，丫丫兔发现了小孔雀，在丫丫兔的帮助下，小孔雀得救了。

"谢谢你，丫丫兔！"

"不用谢，大家都应该互相关心，互相帮助，因为我们每个人都需要别人的帮助。"

听了丫丫兔的话，小孔雀低下了头。从此以后，小孔雀变成了一个热心肠，它交的朋友也越来越多。

考考你

1. 父母问：为什么大家都不喜欢小孔雀？

   宝宝回答：_____

2. 父母问：是谁救了小孔雀？

143

宝宝回答：_____
3.父母问：后来，小孔雀为什么拥有了很多的朋友？
宝宝回答：_____

我已经原谅你了——让孩子学会宽容与爱

通常一个家庭一个宝，没有谁家的孩子不娇，可孩子到了上幼儿园的年龄，需要与小朋友们生活在一起，难免就会有些磕磕碰碰。我一直主张只要孩子没有受到伤害，就让孩子们自己去解决问题，这对他们学会与人交往，培养孩子宽广的心胸都是有帮助的。不过，现实生活中，还是有不少的家长因害怕孩子吃亏在狭隘地护着孩子。

记得儿子上幼儿园中班的时候，与班上的一个小朋友打了架，脸上被抓破了皮，老师告诉我，是那个孩子抢儿子的玩具，儿子不给，那个孩子就动手打了儿子。显然，儿子在这件事上并没有太大的过错，而且可以说是个"受害者"。但我还是教育儿子原谅那个孩子，但儿子对这件事却一直耿耿于怀。

一天放学，我去幼儿园接儿子，不巧天下起了雨，我把儿子抱上车后，发现有一个孩子和一位老人没有打伞，我就跑过去让他们上车，准备送他们回家。儿子在后面大声地喊："不许他们上车，就是他打破了我的脸！"

我没有理会儿子，将老人和孩子请上了车，我本想以实际行动教育儿子学会宽容，没想到，刚一上车，老人就开始和我抱怨起来，"上次就是你家孩子和我家宝贝打架，我孙子哭了好半天，以后你可要好好管

第四章 培养孩子良好的性格

管你家孩子，别那么霸道！"

"是他霸道，你好坏不分！"就在我不知道如何作答时，我儿子和老人吵了起来，我赶紧让儿子闭嘴，可老人接下来的一句话让我的心情更加不爽，"宝贝，以后奶奶不准你和他玩！"

教育家马卡连柯曾指出，父母"在开始教育自己的子女之前，首先应当检点自身行为"。父母让孩子学会宽容，首先自己应有宽容的品质。如父母心胸狭窄，为一点小事争执不休，为一点小利而斤斤计较，孩子又怎能学会宽容呢？

"胸襟宽广，善解人意"是美德，家长教育孩子学会宽容，和气待人，除了要以身作则之外，也要让孩子明白：金无足赤，人无完人，每个人身上都会有缺点。与人相处不能苛求他人，应包容他人的缺点，学会求同存异。对与孩子有过节的人，父母要有意识地去包容对方，给孩子树立起一个良好的榜样。

同时你应该告诉孩子，你对他人好，他人才会对你好，人与人之间是互爱、互帮的关系，就像回声一样，你喊出的是友好的声音，得到的也是友好的回应，你怒对别人，别人也会对你不友善。建议家长带孩子玩一玩回声的游戏，并从中启发孩子正确对待他人，培养善待他人的意识。

宝宝听故事

难过的嘻嘻猴

森林里的草地上，嘻嘻猴、咪咪猫、哈哈狗还有丫丫兔，在一起踢

好父母都是故事大王

足球，共分成两组，嘻嘻猴与咪咪猫一组，哈哈狗和丫丫兔一组。

"哈哈，我们领先了，看来这场比赛我们赢定了！"进球后的嘻嘻猴非常兴奋。

"别高兴得太早！"不甘示弱的哈哈狗突然抬起一脚，"看我的！"

嘻嘻猴一看，赶紧过来阻止哈哈狗的进攻，结果哈哈狗的这一脚不偏不倚正好踢在了嘻嘻猴的腿上。

"哎呦！"嘻嘻猴一屁股坐在了地上，它的腿疼得不能动了。

丫丫兔赶紧找来了猴妈妈，猴妈妈将嘻嘻猴送到医院，原来嘻嘻猴的腿骨折了，医生说需要在家静养一段时间，想到自己不能去外面玩，不能和小伙伴们一起去上学，嘻嘻猴更加恨哈哈狗了。其实，哈哈狗也很难过，它带上了两根肉骨头到嘻嘻猴家看望好朋友。

"嘻嘻猴，对不起，我不是故意的，你原谅我吧。"哈哈狗真诚地向嘻嘻猴道歉，请求嘻嘻猴的原谅。

第四章 培养孩子良好的性格

"哼！我的腿都断了，我不会原谅你的，从今以后我和你不再是好朋友！"嘻嘻猴大声地喊道："你快给我出去，我不想见到你。"哈哈狗流着眼泪离开了嘻嘻猴的家。

嘻嘻猴在猴妈妈的照顾下慢慢地好起来，它已经能够下床活动了，一个人在家里真闷啊，要是哈哈狗能来陪陪自己就好了，想起以前和哈哈狗一起玩耍的美好时光，嘻嘻猴难过极了，它觉得失去哈哈狗这个好朋友比腿骨折还要疼上一百倍。

猴妈妈看出了嘻嘻猴的心思，对嘻嘻猴说："孩子，哈哈狗不是故意踢断你的腿的，你应该学会宽容，原谅它，你们以后还是好朋友。"

嘻嘻猴点了点头，给哈哈狗打去了电话，它原谅了哈哈狗，它们又成为了好朋友。

考考你

1.父母问：嘻嘻猴的腿怎么了，是谁弄伤了它的腿？

宝宝回答：_____

2.父母问：哈哈狗拿了什么东西去看望受伤的嘻嘻猴？

宝宝回答：_____

3.父母问：嘻嘻猴原谅了哈哈狗吗？

宝宝回答：_____

爱惹祸的叮叮鼠

星期一的早晨，多多熊、哈哈狗、咪咪猫背上书包到了学校，它们放下书包后，发现放在课桌里的书本，不知被谁咬得稀巴烂，书桌里满是纸屑。

好父母都是故事大王

"天呀！我的书怎么变成了这个样子！"哈哈狗拿着一本纸张已经不全的书伤心地说。

"我的书也被撕破了，到底是谁干的？"咪咪猫也跟着大喊起来。

"我们一定要抓住那个弄坏书本的坏家伙！"多多熊暗暗发誓。

小动物们陆陆续续地来到教室，每个人的课本都被破坏得不成样子，大家都非常生气，只有叮叮鼠不说话，低着头，不敢看大家。

到了午休的时间了，小动物们回到寝室休息，天呀！怎么被子也被弄破了，多多熊的被子破了一个大洞，棉花都露了出来；哈哈狗的枕头破了；咪咪猫的被子被撕成了两块……它们再也不能忍耐了，将情况告诉了老师。

老师立刻召集全体学生开会，"是谁弄破了学校里的东西，就应该勇敢地站出来承认错误，不然的话，我就要把它交给大象探长处理。"

教室里沉默了很久，突然从墙角处传来一个非常小的声音，"是我，对不起！"原来是叮叮鼠，小动物们纷纷谴责叮叮鼠，说它是个坏孩子，不和它做朋友，还要老师一定将叮叮鼠交给大象探长处理。

大象探长了解了事情的经过后，对大家说："叮叮鼠是有错，不过它并不是有意要弄坏你们的东西，其实，它是在磨牙，因为它的牙齿长得太快了，如果牙齿长得太长，就无法吃东西了。"

"原来是这样啊！那以后我从家里拿来骨头给叮叮鼠磨牙，这样它就不会咬坏东西了。"哈哈狗真聪明，帮叮叮鼠解决了磨牙的大问题。

在了解了事情的真相后，其他小动物们也原谅了叮叮鼠，愿意和它继续交朋友。

第四章 培养孩子良好的性格

考考你

1. 父母问：是谁弄坏了小动物们的课本和被子？

   宝宝回答：_____

2. 父母问：叮叮鼠为什么要咬坏别人的东西呢？

   宝宝回答：_____

3. 父母问：大家应不应该原谅叮叮鼠，为什么？

   宝宝回答：_____

第五章

提高孩子适应社会的能力

好父母都是故事大王

让孩子学会交朋友——朋友多，快乐才多

现在的孩子多是独生子，他们在三岁以前，大部分的时间都是与家人在一起，很少能接触到同龄的孩子，等到上了幼儿园之后，他们往往因为缺乏与同龄孩子交往的经验，而无法适应幼儿园的生活。虽然老师会教给孩子人际交往的知识，但这远远不够，家长也必须要承担起必要的责任来。

我认识一个小女孩妞妞，三岁半，刚上幼儿园半年，虽然是个女孩，但在班上可是个有名的小霸王。老师让她与其他小朋友一起游戏，她总是躲到一边去，还把玩具都拿在手里，不准其他小朋友玩。老师问她为什么，妞妞回答说："在家里，就是我一个人玩玩具，其他人都不许动我的玩具。"

不仅如此，妞妞在幼儿园与其他小朋友发生小矛盾，她总是二话不说，上去就打，老师批评她，她还振振有词地回答："我奶奶说了，谁欺负我，我就打谁！"

很显然，妞妞的家人并没有重视孩子的社会交往，孩子的交往仅限于家庭之中，而且家人都唯妞妞马首是瞻，所以，才让孩子养成了说一不二，"我是老大"的意识，并把这种意识运用在与其他小朋友交往的

第五章 提高孩子适应社会的能力

身上。

其实，妞妞的情况并不少见，造成这一情况最重要的原因就是家长没有给孩子提供交往的机会，孩子虽小，但也应该有自己的社交圈，带孩子去串串门，找小伙伴玩耍，邀请小伙伴到自己家里来玩，都能帮助孩子提高社交能力。

我儿子沛泽在上幼儿园前，都是我一个人带的，小区里有不少与沛泽年龄相仿的小朋友，我经常会带他去和其他小朋友玩。有些家长总觉得小孩子在一起会打架，非常麻烦。我倒认为打架也是一种有意义的交流，可以让孩子知道哪些行为是受欢迎的，哪些行为是交不到朋友的。

不要以为孩子小不懂得这些，其实在孩子心中有他自己的标准，沛泽两岁半的时候，他就已经知道谁是友善的，有了自己的好朋友，只要我一带他出去，他就喊找哪个哥哥玩，对于其他小朋友不礼貌的行为，他也会生气地说："我不和你做朋友了。"

在沛泽与其他小朋友相处的过程中，我发现有些孩子非常胆小，不爱说话，因为他们的父母总会在他们背后唠叨个不停，"哥哥大，你不能和他玩"、"你看你的衣服都弄脏了"。我认为，在家庭中创造一种民主平等、亲切和谐的交往氛围，对孩子的社交是非常重要的，那些以父母为重心和以孩子为重心的家庭都是不可取的，父母应该成为孩子的朋友，鼓励孩子去说，去做，而不是事事都替他做主，由家长代劳。

另外，要想让你的孩子成为受同伴欢迎的人，在交往中体会到快乐，有意识地教孩子一些交往的技能是必需的，比如，培养孩子的礼貌习惯，学会宽容，遵守集体规则等等，只有让孩子在交往的过程中体会到快乐，他才能够善于交往，结识更多的朋友。

好父母都是故事大王

宝宝听故事

交 朋 友

一天，丫丫兔、咪咪猫、嘻嘻猴一起在山脚下做游戏，它们玩得非常开心。

嘻嘻猴开心地对着大山喊："今天的游戏真好玩！"

这时，山谷里传出来一个声音："今天的游戏真好玩！"

小动物们吓了一跳，咪咪猫的胆子最小，它小声地问："这是谁呀？它为什么学嘻嘻猴讲话呢？"

丫丫兔小声地回答："它是不是没有朋友啊？要不我们和它做朋友怎么样？"咪咪猫和嘻嘻猴高兴地同意了。

嘻嘻猴高兴地对着大山喊："你好！我是聪明的嘻嘻猴，人见人夸，我们交个朋友吧？"

山谷里的小动物也高兴地回答："你好！我是聪明的嘻嘻猴，人见人夸，我们交个朋友吧？"

嘻嘻猴听了非常不高兴，"我才是最聪明的嘻嘻猴，你不是，没有人喜欢你，它们都喜欢我。"

山谷里的小动物也非常不高兴，"我才是最聪明的嘻嘻猴，你不是，没有人喜欢你，它们都喜欢我。"

嘻嘻猴被惹恼了，大声地说："哼！我不喜欢你，我不和你做朋友！"

山谷里的小动物也生气了，"哼！我不喜欢你，我不和你做朋友！"

第五章　提高孩子适应社会的能力

接着，咪咪猫对着山谷里的小动物说，"你好！我是漂亮的咪咪猫，我的本领强，我们交个朋友吧？"

山谷里的小动物也说："你好！我是漂亮的咪咪猫，我的本领强，我们交个朋友吧？"

咪咪猫生气了，"哼！我不和你交朋友了！"

山谷里的小动物也生气地回答："哼！我不和你交朋友了！"

最后，丫丫兔对着山谷里的小动物说："你好，我是丫丫兔，我家有很多好吃的胡萝卜送给你，我们可以一起玩！"

山谷里的小动物也说："你好，我是丫丫兔，我家有很多好吃的胡萝卜送给你，我们可以一起玩！"

丫丫兔开心地说："认识你很高兴，我们是好朋友了！"

山谷里的小动物也开心地说："认识你很高兴，我们是好朋友了！"

站在一旁的嘻嘻猴和咪咪猫觉得奇怪：为什么丫丫兔可以和山谷里的小动物交朋友，而我们却不能呢？

好父母都是故事大王

考考你

1.父母问：咪咪猫、嘻嘻猴、丫丫兔在山里遇到了谁？

　宝宝回答：＿＿＿＿＿＿＿＿＿＿＿＿＿＿＿＿

2.父母问：谁和山谷里的小动物交了朋友，为什么呢？

　宝宝回答：＿＿＿＿＿＿＿＿＿＿＿＿＿＿＿＿

3.父母问：你认为山谷里有小动物吗？为什么？

　宝宝回答：＿＿＿＿＿＿＿＿＿＿＿＿＿＿＿＿

受伤的大灰狼

森林里住着一只大灰狼，大灰狼已经一天没有吃东西了，肚子饿得咕噜咕噜叫。

"不行，我得出去找点吃的，说不定能碰上点野味呢！"大灰狼流着口水出了家门，可没走多远，它就噗通一声落到了一口枯井里。

"哎呦！真疼啊！"落到枯井里的大灰狼摔伤了腿，疼得哇哇叫，大喊救命，半天都没有人回应，大灰狼转念一想，"我不能这样喊，森林里的小动物都恨透我了，它们怎么会救我呢！"

就在这个时候，丫丫兔经过枯井，发现了大灰狼。大灰狼立刻可怜兮兮地说："丫丫兔，你最善良了，求你救我出去吧。"

"大灰狼你太坏了，我才不会救你！"丫丫兔转身就要走，大灰狼赶紧哀求道："丫丫兔，我知道错了，这次我就是来向你们承认错误的，我发誓以后再也不会欺负森林里的小动物了，我要和你们做朋友呢！"

"真的吗？我才不信呢。"丫丫兔开始动摇了。

"当然是真的了,你看我的腿都摔断了,你跑得那么快,我根本抓不住你呀,你快来救救我吧。"大灰狼边哭边说,丫丫兔觉得它很可怜,决定救它,可是,当丫丫兔刚把手递给大灰狼,准备把它从枯井里拉上来,大灰狼就露出了凶恶的面貌,一把就把丫丫兔拉进了枯井。

"哈哈,丫丫兔你太傻了,我就是太饿了,等我吃了你,我有了力气,一下子就能跳出枯井了。"

"你这个坏蛋,救命救命啊!"丫丫兔的喊声惊动了在附近玩耍的多多熊、哈哈狗,大家纷纷来帮忙,最终救出了丫丫兔,赶走了大灰狼。

考考你

1. 父母问:大灰狼是如何欺骗丫丫兔救它的?

   宝宝回答:＿＿＿＿＿＿＿＿＿＿＿＿＿＿＿＿

2. 父母问:你觉得丫丫兔应该救大灰狼吗?为什么?

   宝宝回答:＿＿＿＿＿＿＿＿＿＿＿＿＿＿＿＿

3. 父母问:我们应该和哪些人交朋友,不应该和哪些人交朋友呢?

   宝宝回答:＿＿＿＿＿＿＿＿＿＿＿＿＿＿＿＿

分享的快乐——分享才能得到

相信你遇到过这样的情况:邀请孩子的小伙伴来家里玩,但他看到小伙伴玩自己的玩具时,他会一把抢过来,大声地朝人家喊道:"不给你玩。"好说歹说,才把两个孩子劝好。过不了多久,又会闹起来,因

好父母都是故事大王

为你的孩子看到小伙伴动了他搭的玩具，大声地吼道："不许碰！"为什么你的孩子不懂得与他人分享呢？

其实，对于三岁以上的孩子来说，他已经知道要与别人分享，只是还不能做到处处与别人分享，对于自己特别喜欢的玩具，他有时还是不会让别人碰，但在做游戏的时候，他知道要轮着来。只是他还没有很好的时间观念，轮到小伙伴玩玩具，让他做一旁等待，是个不小的考验。

那么，怎么教孩子与他人分享呢？我认为最重要的一点是让孩子体会到分享是快乐的，是有趣的。

有一次，沛泽出去玩，看到楼下硕硕新买的电动卡车，很想上去坐一坐，可是硕硕不肯，沛泽很难过，不停地对我说："妈妈，我想玩，你给我买一个吧？"我对儿子说："你要想玩，就要懂得分享，硕硕有电动卡车，但你有飞机啊，你可以和他交换一下，这样你们两个就都可以玩到好玩的玩具了。"

儿子半信半疑地跟我回了家，拿出了他最喜欢的飞机，平时他都不准别的小朋友摸一下，这次为了玩到硕硕的电动卡车，儿子决定以此作为交换。之后，我又鼓励儿子沛泽自己去跟小朋友说，最终两个孩子玩得都十分开心。

孩子只有体会到了分享的快乐，才会乐于分享，简单地说教是没有用的。当然，有时候孩子表现得十分小气，你不能简单粗暴地批评他，甚至动手打他，你首先应该弄明白孩子是怎么想的，也许他真的很喜欢那个玩具，害怕别人弄坏了。如果是这样，我们应该给予理解，以后再有小朋友来家里之前，你可以先问他哪些东西是不能分享的，尊重孩子，孩子才能愉快地分享。

尊重还体现在拿孩子东西时，需要经过孩子的同意，比如，家里来

第五章 提高孩子适应社会的能力

了小朋友，要玩孩子的一个玩具，不少家长不会询问孩子，直接拿过来，这对孩子来说是不公平的，这是孩子的玩具，当然要经过孩子的同意才行。其实，如果你问了孩子，孩子多半会同意的，越是硬拿，孩子闹得越厉害。

总之，家长应该认识到分享是孩子的一个自觉行为，强迫孩子去分享，只会适得其反，因为得不到快乐的分享是无法让孩子重复这一行为的。

宝宝听故事

叮叮鼠的大苹果

一天，叮叮鼠在森林里发现了一个又红又大的苹果，它从来没见过这么大的苹果，还散发着香味，"这个苹果一定很好吃。"叮叮鼠使劲全身力气，将苹果背在背上，准备将苹果搬到家里。

这是我的大苹果，你们谁也别想碰！哼！！！

哇！好大的苹果啊！我们能不能一起分享呢？

好父母都是故事大王

在回来的路上，叮叮鼠遇到了丫丫兔，"哇！好大的苹果啊！我们能不能一起分享呢？"丫丫兔的口水都要流出来了，"不行！这个苹果是我发现的，干嘛要分给你呢？"叮叮鼠生气地拒绝了，丫丫兔伤心地走了。

这个苹果实在太香了，嘻嘻猴、哈哈狗、多多熊顺着苹果的香味发现了叮叮鼠，"这么大的苹果，你一个人也吃不完，不如把好东西和大家一起分享吧？"哈哈狗提议。

"不行！这个苹果是我一个人的，除了我谁都不许吃。"叮叮鼠匆匆忙忙地把苹果搬回了家。

叮叮鼠关上门窗，生怕苹果的香味再飘出去，森林里的小动物们都来找它要苹果吃，它一个人在家里安安静静地享受着美味的苹果，"真是太甜了！太好吃了！"叮叮鼠一口一口地咬下去，可是吃了半天，苹果还剩下好多，叮叮鼠只好继续吃，又过了很久，苹果总算吃完了。

可是这个时候，叮叮鼠的肚子已经涨得像皮球一样大，痛得它哇哇大叫，"哎呦！哎呦！好痛啊！好痛啊！"它已经痛得走不动路了，叮叮鼠后悔极了，"都怪我太贪吃，如果分给小伙伴们一些，我就不会痛成这样了，哎呦！"

考考你

1. 父母问：是谁发现了大苹果？

   宝宝回答：_____

2. 父母问：都有谁想吃叮叮鼠的大苹果？

   宝宝回答：_____

3. 父母问：叮叮鼠为什么会肚子痛呢？

   宝宝回答：_____

第五章　提高孩子适应社会的能力

谁该是第一名

美工课上，小鹿老师给同学们布置了一项家庭作业，用树枝、草叶编织一顶草帽。丫丫兔的手最巧，这个作业可难不倒它。放学后，它就去森林里寻找漂亮的三叶草，还摘了一些玫瑰花瓣，用来装饰草帽。很快，丫丫兔的草帽就做好了，绿色和黄色相间的草帽，再配上红色的玫瑰花，真漂亮。

丫丫兔带着草帽在森林里走来走去，看到它的人都夸它心灵手巧，做的草帽无人能比。当丫丫兔经过哼哼猪的家时，看到哼哼猪正坐在家门口发呆。

"哼哼猪，你怎么了？"

"咦？你的草帽真漂亮，我正在为无法完成小鹿老师的作业发愁呢，你能不能帮帮我呀？"

"你是让我教你编草帽吗？那可不行，如果我教会你了，你编的草帽不就和我的一样漂亮了吗？"丫丫兔拒绝了。

正在树上玩耍的嘻嘻猴听到了丫丫兔与哼哼猪的对话，"丫丫兔，我觉得你这样做不对，你应该将你的经验分享给哼哼猪。"

"哼！我才不呢！"丫丫兔跑开了。

后来，哼哼猪在嘻嘻猴的帮助下，完成了美工作业。

又到上美工课的时间了，小动物们都把自己的美工作品交了上来，小鹿看过同学们的作品后说："我觉得在这些作品中，最好的一个应该是嘻嘻猴。"

"老师，怎么可能？我做的草帽可是全森林里最漂亮的一个，人见人夸呢！"丫丫兔非常不服气。

小鹿老师笑着说："因为嘻嘻猴帮助了哼哼猪，它最善良，心地善良的人做出的草帽才是最漂亮的。"

听了小鹿老师的话,丫丫兔羞愧地低下了头。

考考你

1.父母问:美工课上,小鹿老师布置了一项什么作业?

宝宝回答:_____

2.父母问:哼哼猪为什么蹲在家门口发呆?

宝宝回答:_____

3.父母问:小鹿老师为什么说嘻嘻猴的草帽是最漂亮的呢?

宝宝回答:_____

学会与他人合作——幼儿一生都受用的本领

欧洲著名的心理分析家A·阿德勒认为,假使一个儿童未曾学会合作之道,他必定会走向孤僻之途,并产生牢固的自卑情绪,严重影响他一生的发展。

合作是孩子在未来适应社会,立足社会不可缺少的重要因素。但当今孩子的合作现状是不容乐观的,现在的孩子多数是独生子女,是家里的"小皇帝"、"小公主",过度的溺爱,会让孩子做事往往以自我为中心,缺乏团队合作的精神。

一次,我带儿子在小区篮球场上玩,看到几个三四岁的孩子在搭积木,因为只有一套积木,所以,每个孩子手里只有几块积木,根本摆不

第五章　提高孩子适应社会的能力

出一些造型。于是，我建议孩子们，找其他小朋友帮忙，把积木放到一起，一起来搭积木，就能摆出很多的造型了。但是这几个孩子并没有听取我的建议，还是一味地摆弄着自己手里的几块积木，摆了拆，拆了再摆，各玩各的。

仔细想一想，这种现象并不奇怪，每个孩子都有足够多的玩具，而他们自己就是这些玩具的主人，只要他们乐意，可以随心所欲地玩，不会有人来和他们抢，所以，生活在自己小圈子里的孩子缺乏合作的技能是情理之中的事情了。

培养合作精神能为孩子良好人格的形成打下坚实的基础，但这并不是一日之功，需要家长精心的教育和情感感染，具体说来，应包括以下工作：

首先，走出孩子的小圈子，到集体中去。

孩子将来要走向社会，成为一个社会人，就需要与人合作，所以，应该让孩子多参加一些集体活动，使孩子在集体活动中自觉地意识到与他人真诚合作的必要性。若孩子经常独处，当然意识到不到互帮互助的重要性，最好能让孩子参加一些体育运动，比如拔河比赛、足球比赛，这非常有利于培养孩子的团队精神与竞争力。

其次，让孩子感受到合作的快乐。

孩子在与人交往中逐渐学会合作后，在交往中感受到合作的愉快，会继续产生合作的需要，产生积极与人合作的态度。所以，家长应注意引导孩子感受合作的成果，体验合作的快乐，激发孩子进一步合作的内在动机。比如，当孩子表现出合作行为时，应积极鼓励孩子，也可以用照相机记录下这一美好的时刻，事后让孩子讲一讲合作的快乐等等。

当然，孩子在最初融入集体之中，难免会与他人发生一些矛盾，此时正是教给孩子与人合作规则和技巧的好时机，让孩子懂得与人合作是需要做出退让的,要顾及他人需求和感受的。如果事事都自己说了算,是没有人愿意与你合作的。

此外,父母也要注意自身行为,为孩子树立正面的榜样。同时父母应注意合作中不互相责备,应对身边的各种合作行为进行积极评价和鼓励。

宝宝听故事

一起逃出陷阱

一天,多多熊、嘻嘻猴、叮叮鼠、丫丫兔在森林里玩,只听扑通一声,它们四个不小心掉进了猎人挖的陷阱里面去了。这个陷阱太深了,它们是没有办法逃出来的。这可怎么办呢?

多多熊觉得自己力气最大,就拼命地拍打陷阱,希望把土拍下来,垫在脚下,这样它就可以爬上去了,可是这陷阱太深了,多多熊没拍几下,就累得一屁股坐在了地上。

叮叮鼠是挖洞能手,它想重新挖一个洞逃出去,可是这个土层太厚了,要把洞口挖通,可能需要一年的时间。

嘻嘻猴是跳高高手,它想使劲一跳,跳出洞口,可这个洞离地面太高了,根本不可能跳出来。

丫丫兔看到多多熊、叮叮鼠、嘻嘻猴都没有办法,心想我只是一只小兔子,怎么能逃得过猎人设下的陷阱呢?我还是找点吃的,等待爸爸妈妈来救我吧。

半天时间过去了,眼看着太阳就要落山了,它们还没有等来援兵,而且最可怕的是,猎人很快就会来了。嘻嘻猴再也坐不住了,"不行,

第五章 提高孩子适应社会的能力

我们一定要想办法出去,不然我们就会被猎人抓走了。"

嘻嘻猴抬头向上看了看,发现在这个陷阱的中间位置有一些藤蔓,嘻嘻猴一下子有了主意,它对小伙伴们说:"我知道如何逃出去了,但是我们大家必须团结起来。"

嘻嘻猴跳到了多多熊的肩膀上,叮叮鼠爬上了嘻嘻猴的肩膀,刚好够到藤蔓,叮叮鼠的牙齿最锋利了,一下子就把藤蔓咬了下来,丫丫兔负责将咬下的藤蔓系在一起。不一会儿的工夫,就将藤蔓结得很长很长,丫丫兔在藤蔓的末尾做了一个圈。多多熊抓住藤蔓的一头,使劲向陷阱外面抛去,藤蔓末尾的圈正好挂住了洞口外的一个树桩。

嘻嘻猴顺着藤蔓一下子就逃出了陷阱,接着叮叮鼠、丫丫兔也逃了出来,多多熊最胖,大家拉紧藤蔓,一下一下将多多熊拉出了洞口,就在这时,它们听到了远处传来的猎人的脚步声。

165

考考你

1. 父母问：多多熊、嘻嘻猴、叮叮鼠、丫丫兔在森林里遭遇了什么事情？

   宝宝回答：＿＿＿＿＿＿＿＿＿＿＿＿＿＿＿＿

2. 父母问：多多熊想用什么办法逃出洞口，它成功了吗？

   宝宝回答：＿＿＿＿＿＿＿＿＿＿＿＿＿＿＿＿

3. 父母问：最后小动物们是怎样逃出来的？这带给我们怎样的启发？

   宝宝回答：＿＿＿＿＿＿＿＿＿＿＿＿＿＿＿＿

拔河比赛

周末到了，小动物们聚在一起在森林里玩耍。

"真没意思，玩点什么好呢？"多多熊嘟着嘴巴说。

"是啊！天天踢球，我也觉得不好玩。"哈哈狗将球丢在了地上，有些沮丧。

"要不，我们来一场拔河比赛怎么样？"哈哈狗提议说。

"好！"大家一起鼓掌。

嘻嘻猴从树上摘下一根藤蔓做绳子，哈哈狗负责分组，多多熊、叮叮鼠、丫丫兔一组，咪咪猫、哈哈狗、嘻嘻猴一组，松鼠蹦蹦来做裁判。

哨声响了，小动物们拼命地拉绳子，多多熊力气大，拼命向后拉，叮叮鼠用嘴巴叮着绳子使劲向左边拉，丫丫兔使出了吃奶的劲，用力向右边拉。在多多熊它们这一组，每个小动物都用尽了力气。再看咪咪猫它们这一组，哈哈狗站在最前边，一边拉绳子一边喊"一、二、三！用劲拉！"三个小动物整齐划一地向后拉绳子，很快，它们就把绳子拉了过来。

蹦蹦宣布咪咪猫这组获胜！

考考你

1.父母问：都有谁参加了拔河比赛？

宝宝回答：_____

2.父母问：这场拔河比赛的裁判是谁？

宝宝回答：_____

3.父母问：你知道为什么多多熊它们会输掉比赛吗？

宝宝回答：_____

如果不高兴就哭出来吧——引导孩子正确发泄不良情绪

每个人都有情绪，孩子也不例外，他们会恐惧、喜悦、愤怒等，与大人不同的是，大人能够理智地控制情绪，孩子的自我控制能力却很弱，心情不愉快，他们就会立刻表现、发泄出来。

情景一：大冬天，小强非要吃冰激凌，妈妈不同意，小强生气地挥着小拳头打妈妈，边打边喊："你不给我买冰激凌，我就打你。"

情景二：兰兰是个内向的女孩，她不爱说话，遇到不高兴的事情，

好父母都是故事大王

就会狠狠地咬自己的小手，小手上留下一个个的小牙印，真让人心疼。

不同的孩子有不同的发泄情绪的方式，小强用打人发泄不满，兰兰则用伤害自己的方式来宣泄不良情绪，这两种宣泄方式都是不良宣泄。面对这种情况，家长应该如何处理呢？

通常家长会采取两种措施来阻止，一个是简单粗暴的压制，"不要哭了，再哭我打你了。"性格暴躁的家长看到孩子这样发泄情绪，常常忍不住暴跳如雷，用粗鲁的方式直接压制，遏制孩子发泄，这种方式表面上看比较有效，可实际上孩子只是出于害怕才停止宣泄，不良的情绪并没有得到缓解，而且承受了被粗暴压制的痛苦，很容易出现情绪问题，长期下去，对孩子良好性格的形成是不利的。

朋友家有一个5岁半的男孩，男孩发脾气的时候，父亲就会狠狠地打他一顿，后来，这个孩子再也不敢在父亲面前发脾气，表现得一直很乖。意想不到的是，一次，男孩因心情不好竟然搬起朋友的电脑，狠狠地砸在了地上。听朋友说，其实并没有与男孩发生多大的矛盾，我想这就应该是孩子长期以来积累的情绪大爆发。

还有一种比较常见的处理措施是轻易妥协，孩子发脾气多是因为提出的要求没有得到满足，一些家长出于对孩子的疼爱，或者图耳根清净，会立马向孩子无条件地"投降"，满足他的所有要求。这样做只会让孩子的脾气越来越大，变本加厉。

显然，这两种方法都是不对的，那么，该如何处理孩子的不良情绪发泄呢？

首先，给予孩子爱抚。

无论孩子因为什么事情发脾气，你首先应该让自己的情绪平静下

第五章　提高孩子适应社会的能力

来，温柔地制止他的不良宣泄行为，轻轻地拥抱他，抚摸他的身体，耐心地询问他发生了什么事情，引导他说出自己的感受，并表示同情和理解，切不可大声斥责孩子，激化他的情绪，尤其是在外人面前，这会让孩子感到没有尊严。

其次，对症下药。

了解了孩子情绪产生的原因，就应该有针对性地调控孩子的心态，一般来说，孩子产生不良情绪的原因有以下几种：

1.某种要求没有得到满足，想通过极端的方式来达到目的，如果孩子的要求不合理，你可以温柔地指出不合理性，然后巧妙地转移孩子的注意力，让孩子从不良的情绪中解脱出来。

2.当孩子有消极的感受，比如愤怒、恐惧，因语言表达能力有限无法正常发泄，就会苦恼。如孩子是因为什么事情不满，家长应弄清楚孩子想做什么，然后明确告诉他你的想法，或者建议他如何去处理解决问题；如果孩子因恐惧哭闹，你只要抱紧他，陪他一会儿，他就会好了。

3.当孩子被批评，受到挫折时，也会通过不良宣泄来摆脱压力，安抚自己。如果孩子因为做不好某事而发脾气，你先安抚他的情绪，然后示范给他看，再让他自己做一次，成功后记得及时鼓励他。

第三，教会孩子合理宣泄情绪。

如果你已经做出了各种努力，但孩子还是无法平静下来，不妨给他找一个安全的发泄方式，比如，让他痛苦地哭一场，或者让他尽情地在纸上乱涂乱画。等到他的情绪稳定之后，再跟他好好谈一谈。

总之，父母应该记住一点：无论孩子怎样发脾气，我们都不能大发雷霆，否则，就会让事情变得更加糟糕。

好父母都是故事大王

宝宝听故事

坏脾气的多多熊

一天早晨，多多熊与爸爸吵了一架，心情非常糟糕，它一个人跑到森林里，使劲地对着一棵小树狠狠地捶打，小树疼得直掉眼泪。

丫丫兔挎着小篮子去采蘑菇，看到了生气的多多熊，"多多熊，发生了什么事情，你好像很生气。"

"不用你管，你快走开！"多多熊气呼呼地说。

哇，多多熊的脾气好坏啊！不过，没关系，我应该可以帮助它。于是，丫丫兔笑眯眯地对多多熊说："我想你一定遇到了难事，你告诉我，我一定能帮助你。"

"真的吗？"多多熊停下来，不再捶打小树，"我想让爸爸给我买蜂蜜喝，可他不肯，我就生气了，他还说我脾气坏，坏脾气的孩子没有蜂蜜喝。"多多熊抱怨道。

"原来是这样啊！我能弄到世界上最好喝的蜂蜜，但是它只给好脾气的熊吃，而且吃了这种蜂蜜，就能得到很多快乐！"丫丫兔说。

"我要喝世界上最好喝的蜂蜜，我要得到很多很多的快乐！"多多熊都有些迫不及待了。

"但你从今以后不能再发脾气了，而且不能伤害森林里的一草一木，说话不能没有礼貌，这样你才能得到世界上最好喝的蜂蜜。"

多多熊使劲地点了点头。

就在这时，一棵松果正好砸到了多多熊的头上，多多熊马上生气地喊道："谁扔的松果……"

"记得好脾气哦！"丫丫兔在一旁立刻提醒多多熊。

第五章 提高孩子适应社会的能力

"哦!"多多熊吐了吐舌头,做了一个深呼吸,将自己的坏脾气压了下去。

慢慢地,多多熊的坏脾气真的改掉了,脾气变好了,多多熊结交了很多新朋友,它的生活也变得越来越丰富,越来越有趣。

一天,丫丫兔提着一罐子蜂蜜来到多多熊家,它不好意思地对多多熊说:"真对不起,我没有世界上最好喝的蜂蜜,只有一罐子普通的蜂蜜。"

多多熊并没有生气,用舌头舔了一口蜂蜜说:"这就是世界上最好喝的蜂蜜!"

"可这只是一罐普通的蜂蜜呀?"丫丫兔有点搞不明白了。

多多熊哈哈大笑,"丫丫兔,我应该谢谢你,因为我有了好脾气,才能交到那么多好朋友,得到那么多快乐,这当然就是世界上最好喝的蜂蜜了。"

好父母都是故事大王

考考你

1. 父母问：多多熊为什么生气？

   宝宝回答：_____

2. 父母问：丫丫兔真的有世界上最好喝的蜂蜜吗？

   宝宝回答：_____

3. 父母问：多多熊的生活为什么变得快乐了？

   宝宝回答：_____

好脾气带来好运气

一天早晨，咪咪猫就被啄木鸟咚咚咚的啄木头的声音吵醒了，咪咪猫有些生气，跑到门外问啄木鸟，"你干嘛要吵我睡觉啊？"

"我不是要吵你睡觉，这棵树上生了很多虫子，如果我不给它治病，这棵树很快就会死去的。"啄木鸟解释说。

听了啄木鸟的话，咪咪猫一点也不生气了，它连忙对啄木鸟说："对不起，我错怪你了，真是辛苦你了，啄木鸟医生。"

咪咪猫告别了啄木鸟，朝丫丫兔的家走去，它约好与丫丫兔一起玩捉迷藏。

"哎呦！"咪咪猫的脚被什么东西狠狠地扎了一下，低头一看，原来是小刺猬，"你怎么站在路的中央，你身上的刺都扎到我了。"咪咪猫质问小刺猬。

"对不起，我不是故意的，冬天马上就到了，我们刺猬要冬眠了，这不，一大早晨我就开始犯困，不知不觉就睡着了。"

"原来是这样啊！是我不好，错怪你了。"

第五章　提高孩子适应社会的能力

很快，咪咪猫到了丫丫兔家，可丫丫兔并不在家，兔妈妈告诉它，丫丫兔到田里帮妈妈去拔萝卜了。咪咪猫有些失望，它朝家的方向走去，迎面碰到了丫丫兔，还没等咪咪猫说话，丫丫兔赶紧道歉，"真对不起，我妈妈病了，我帮妈妈去田里干活，就不能和你玩捉迷藏了。"

"原来是这样啊！我一点都不怪你。"

晚上，丫丫兔家的房门被敲响了，门外站着小刺猬，还有丫丫兔，小刺猬的背上背着很多苹果，丫丫兔扛着一个大萝卜，它们要把最好吃的食物送给咪咪猫。

第二年春天，森林里很多树木都生了病，叶子枯萎了，小动物们都热得没地方乘凉，只有咪咪猫家旁边的大树枝繁叶茂，这都是啄木鸟的功劳，咪咪猫邀请大家一起到它家里来乘凉。

考考你

1. 父母问：咪咪猫被谁吵醒了？

    宝宝回答：_____

2. 父母问：小刺猬、丫丫兔给咪咪猫分别送来了什么？

    宝宝回答：_____

3. 父母问：咪咪猫家为什么很凉快？

    宝宝回答：_____

孩子，你为何爱动武——提升沟通与交流的能力

在日常生活中，你经常会发现这样的小孩，在与小朋友玩耍时，稍

好父母都是故事大王

有不顺心的事，二话不说，上去就打人。出现这种情况，很多家长都会把原因归结为孩子爱打人。其实，很多时候，打人只是一个表象，真相是很可能这个孩子的沟通能力不行，他不知道该如何沟通，来表达自己的想法，所以，一上来就动手了。

细心的家长会发现，孩子在两岁之前，特别爱打人，别的小朋友动了自己的玩具，一把就把小朋友推倒在地；看到小朋友吃冰棒，一把就夺过来。这是因为这个年龄段的孩子语言表达能力还比较差，不能和他人进行良好的沟通。

但是当孩子到了3岁，家长就应该有意识地教会他如何与他人沟通，表达自己的情感，而不能再使用"武力"，不是有这样一句话嘛：会说话的孩子最可爱。那么，家长应该从哪些方面入手，培养孩子的沟通能力呢？

首先，父母应让孩子在交往中学会使用礼貌用语，如"请"、"谢谢"、"对不起"等，让孩子认识到只有懂礼貌的人才能受到小朋友的欢迎，才能交到朋友。如孩子在交往过程中礼貌语言用得好，应及时鼓励表扬，并强化孩子的礼貌行为，形成良好的礼貌习惯。

其次，让孩子学会服从与合作。孩子们在沟通时，会自己制定一些规则来约束每个人的行为，谁破坏了这些规则，就会受到集体的排斥。所以，家长应让孩子学会服从集体规则，并学会与人合作，才能得到别人的喜欢。

如果你的孩子一时间还无法融入到集体活动中去，你可以在家里为他创设环境，建立沟通的平台。爱玩是孩子的天性，你可以和孩子一起玩游戏、听故事、唱歌，逐步培养孩子的交往习惯；你也可以请一些和孩子同龄的小朋友来家里玩，让孩子在交往中与小朋友建立亲密的情感，让孩子知道自己被爱、被认可，这对于激发孩子的沟通交往能力都是非常有帮助的。

第五章　提高孩子适应社会的能力

宝宝听故事

竞选班长

小鹿老师班上要竞选班长，小动物们争相竞选，多多熊说我的力气大，能保护大家，我当班长最合适；嘻嘻猴说我的头脑灵活，是班上最聪明的，所以，我最适合当班长；哼哼猪说，我最友善，脾气好，我才适合当班长……

小动物们谁都不想让，小鹿老师只好让大家投票，结果丫丫兔当选。

嘻嘻猴可不服气了，"凭什么要丫丫兔当班长，它又没有什么优点？班长应该由我当。"

"是啊！它个子那么矮，根本保护不了大家。我才应该是班长！"多多熊气呼呼地说。

"我当,我当!"嘻嘻猴一蹦三尺高,跳到多多熊面前。

"你太淘气,我才适合,我当,我当!"多多熊一把推开嘻嘻猴,大声地喊道。

嘻嘻猴与多多熊你推我一下,我打你一下,互不相让。

丫丫兔见状,赶忙跑过来,"别吵了,别吵了。你们每个人都有自己的优点,嘻嘻猴最聪明了,上次我们掉进陷阱里,还是嘻嘻猴想办法把我们救上来的呢!多多熊的力气大,它能打败大灰狼,它是我们班上最勇敢的。"

嘻嘻猴和多多熊听了都非常得意,也不再打架了。

小鹿老师对大家说:"你们知道为什么丫丫兔能当选班长吗?因为它最会说话了,懂得如何与他人沟通。"

听了小鹿的话,嘻嘻猴和多多熊都服气了,异口同声地说:"我们支持丫丫兔当班长!"

丫丫兔走上前,对多多熊说:"你的力气最大,以后我的工作少不了你的支持。"然后又对嘻嘻猴说:"你最聪明,我以后一定向你好好学习。"

考考你

1. 父母问:小动物都争先竞选什么职务?

   宝宝回答:_____

2. 父母问:最终谁当选了班长?

   宝宝回答:_____

3. 父母问:丫丫兔为什么能当上班长呢?

   宝宝回答:_____

第五章　提高孩子适应社会的能力

误　会

前不久，猴妈妈生下一个小宝宝，嘻嘻猴多了一个妹妹，猴妈妈把大部分精力都放在了小宝宝身上，嘻嘻猴感到备受冷落，心里十分难过，蹲在树底下唉声叹气。

叮叮鼠出来找食物，看到了嘻嘻猴，"嘻嘻猴，你在做什么呀？"

嘻嘻猴神情沮丧地说："我很难过，因为妈妈不爱我了，她只爱我的妹妹。"

叮叮鼠叹了一口气，"我理解你，我妈妈自从有了铛铛后，也不像以前那样爱我了。"

嘻嘻猴听了叮叮鼠的话，更加难过了，它决定离家出走。它走了很久很久，太阳都落山了，嘻嘻猴好害怕，它从来没有在外面过过夜，森林里传来狼的嚎叫声。嘻嘻猴吓得飞快地跑起来，噗通一声，嘻嘻猴跌入了一个山洞，昏迷了过去。

三天后，嘻嘻猴醒了过来，它睡在温暖的大床上，"这是在哪？我不是在做梦吧？"它使劲挣扎了一下，"啊！好痛！"原来嘻嘻猴的腿摔断了。

"孩子，别乱动！"耳边传来猴妈妈的声音，嘻嘻猴看到妈妈的眼睛都熬红了，身体也消瘦了很多，神情憔悴。

"孩子，你知道吗？妈妈为了找你，已经好几天没有睡觉了。"猴爸爸温柔地摸着嘻嘻猴的头。

"孩子，妈妈爱你，妈妈给你生了一个小妹妹，就是希望你能有一个伴儿，将来长大了，你和妹妹互帮互助，爸爸妈妈爱你们！"

"妈妈，我错了，我误会你了！"嘻嘻猴扑进妈妈的怀里，哇哇大哭，它觉得妈妈的怀抱是世界上最温暖的地方。

好父母都是故事大王

考考你

1. 父母问：嘻嘻猴因为什么事情难过？

   宝宝回答：_____

2. 父母问：猴妈妈不爱嘻嘻猴了吗？

   宝宝回答：_____

3. 父母问：当我们与爸爸妈妈发生矛盾时，应该怎么办？

   宝宝回答：_____

做一个坚强的小男子汉——挫折教育是孩子不可或缺的爱

如今的孩子大多是在万千宠爱中长大的，任性、脆弱、自我、依赖性强，独立性差，如从小不进行适当的挫折教育，长大后就很难适应社会生活，战胜生活中的困难。

我曾听儿子班上的老师讲过这样一件事：班上一个5岁的小男孩特别调皮，好动，上课爱讲话，喜欢搞恶作剧，老师耐心地教育他好几次，可这孩子就是不改。

一天，小男孩不知从哪捉来一只癞蛤蟆放在了前面女生的书包里，上课的时候，癞蛤蟆爬了出来，吓得女生哇哇大叫。老师非常生气，在课堂上狠狠地批评了男孩，并让男孩向女生道歉，可男孩就是倔强地看着老师，不说话。为了不影响上课，老师暂时把这件事搁置下来。

第五章　提高孩子适应社会的能力

没想到，第二天，男孩的母亲打来电话，说孩子从昨天晚上到今天早上赌气一口饭都没吃，也不愿意上学，请老师打电话劝劝他。得知真相的老师哭笑不得，几句批评竟然引发了如此严重的后果。

生活中类似的事情并不少见，有的孩子受到老师的批评都会哭鼻子；有的孩子吃不了一点苦，衣来伸手饭来张口；还有的孩子自理能力很差，到五六岁了，还要父母给穿衣服……这样的孩子没一点承受挫折的能力，今后的人生路还会遇到很多不如意的事情，他们又该如何面对呢？所以说，现在的孩子抗挫折教育必须有！

不过，挫折教育不能一蹴而就，应该分阶段，循序渐进地进行，具体说来，挫折教育应分为四个阶段：

第一阶段：对于1岁以下的孩子，要培养其信任感。

孩子的挫折教育在出生后就应开始，这个阶段的孩子需要父母格外的照顾与养育，应与孩子建立健康的亲子关系，让孩子对家人及环境产生信任感，为与孩子建立良好的沟通打下坚实基础。

第二阶段：1～3岁这个阶段，要着重培养孩子的生活自理能力。

此时孩子已经能都行走了，在保证孩子安全的情况下，让孩子自己独立去完成，要知道，孩子动作发展的同时也是心理的不断发展完善。孩子稍大后，可以让他自己穿衣、吃饭，让孩子在自理的过程中培养自信心。

第三阶段：3～5岁是培养孩子心理独立性的重要时期。

在这个阶段，应该让孩子做一些身体力行的事情，如果孩子能够独立完成，就不要给予过多的帮助，否则会让孩子产生依赖心理。

第四阶段：5～6岁培养孩子解决问题的能力。

我一直认为教会孩子多少知识，不如培养他的求知欲，独立思考和解决问题的能力。有些孩子喜欢问为什么，这就是他思考的表现，家长

好父母都是故事大王

应该耐心地解答，回答不出来，可以和孩子一起查阅书籍，共同探讨。

值得一提的是，家长在对孩子进行挫折教育时，往往会产生这样两个错误：一是家长不帮助孩子总结失败的原因，比赛中，孩子失利了，家长只会安慰孩子，"没关系，输就输了，下次再争取。"这样说，无疑会助长孩子无所谓的心态，正确的做法是帮助他分析失败的原因，认识到自己的不足。

二是把自己的想法强加给孩子。很多时候，家长的想法总能左右孩子，比如孩子不喜欢参加舞蹈班，家长会说，女孩子跳舞对身材好。孩子应该有自己的选择权，让他做自己喜欢的事情，才能从内心激发他的抗挫能力。

宝宝听故事

蝴蝶变形记

一群小动物在草地上踢皮球，突然，哈哈狗在草地上发现一个蛹，蛹上已经出现了一道小小的裂缝。

"这是什么呀？"哈哈狗问。

"我知道，这是蛹。"丫丫兔抢着回家说。

"什么是蛹啊？"哼哼猪不太明白地摇了摇头。

"我妈妈告诉我，蝴蝶就是蛹变的，你看它已经裂开了一个小口子，很快它就会变成蝴蝶飞走了。"

"真的吗？蝴蝶那么漂亮，这个家伙那么丑，蝴蝶怎么会是它变的呢！"嘻嘻猴有点不相信。

于是，丫丫兔就和小伙伴们打赌，它认为这只蛹一定会变成美丽的

第五章 提高孩子适应社会的能力

蝴蝶，就这样，它们静静地坐在草地上观察着蛹是如何变成蝴蝶的。

一个上午过去了，蛹上已经裂出了一个很大的口子，里面有一个像小虫子一样的东西在不断地挣扎，但它的身子似乎被卡住了，一直出不来。直到太阳快落山了，那个小虫子还在努力地挣扎。

"我看它变不成蝴蝶了。"哼哼猪说。

"它太痛苦了，都挣扎了这么久，我们来帮帮它吧。"哈哈狗拿出随身携带的小刀把蛹壳割开了，帮助小虫子从蛹里出来。

"你们看，它还有翅膀呢！它真的是一只美丽的蝴蝶！"丫丫兔惊喜地叫了起来。

可是，它们等了很久，也没有见到蝴蝶飞起来，这是怎么回事呢？从这里路过的鸡婆婆听到了小动物们的对话，对它们说："你们这群淘气的孩子，你们这样做，蝴蝶很快就会死去的，因为没有经过痛苦的挣扎，蝴蝶是无法飞上天空的。"

听了鸡婆婆的话，小动物们都沉默了。

好父母都是故事大王

考考你

1. 父母问：小动物们在草地上发现了什么？

   宝宝回答：_____

2. 父母问：这只蛹为什么没有变成蝴蝶？

   宝宝回答：_____

3. 父母问：这个故事告诉我们一个怎样的道理？

   宝宝回答：_____

重建家园

一天夜里，森林里静悄悄的，小动物们都回到了自己的家中，舒舒服服地睡着了。突然，狂风骤起，电闪雷鸣，小动物们都惊醒了，害怕地搂着爸爸妈妈。

不一会儿，下起了大雨，这场雨非常大，下了两天两夜才停下来，雨水冲毁了小动物的家园，它们无家可归了。

"我的家没有了，如果大灰狼来了怎么办啊？呜呜……"丫丫兔害怕地哭起来。

"我储藏好的过冬的粮食，也被雨水泡了，发霉不能吃了。"叮叮鼠焦急得直跺脚。

"我最惨了，我收藏了一年的蜂蜜都没有了！没有蜂蜜吃，我们会饿死的。"多多熊神情沮丧。

"冬天到了，我们都会被冻死的。"咪咪猫最怕冷了，想到即将到来的冬天，它不由地打了一个冷战。

"大家都不要慌，我们一直会战胜困难的，我们不能在困难面前低头。"大象探长召集所有的小动物一起探讨如何度过洪灾。大家一致认为一定要先找一个遮风挡雨的地方住下来，然后再建立自己的家园。

"我知道在山顶处有一个很深很深的山洞，以前我和我妈妈一起去过，那里可以让我们都能住进去。"哈哈狗带着大家找到了那个山洞，小动物们先在山洞里安了家，晚上睡在山洞里，白天它们就下山建房子，采集食物。

经过两个多月的努力，在冬天来临之前，小动物们都住进了自己的新家。

考 考 你

1. 父母问：森林里发生了一件什么事情？

   宝宝回答：_____

2. 父母问：小动物们是如何战胜困难的？

   宝宝回答：_____

3. 父母问：读过这个故事后，你受到了什么启发？

   宝宝回答：_____

只有坚持不懈才能成功——浅谈幼儿坚持性的培养

在日常生活中，有很多孩子做事虎头蛇尾，刚开始时还能认认真真，过不了多久，就无法再坚持下去，做事有始无终，很是令家长伤脑筋。众所周知，拥有良好坚持性的孩子更容易成长为一个独立自主、有恒心、乐观、社会适应能力强的人。

好父母都是故事大王

虽然培养孩子的坚持性非常重要，但家长也不能拔苗助长，让一个三岁孩子注意力保持在三十分钟以上，那是不可能的。因为孩子的坚持性水平是随年龄的增长而提高的。

3~4岁的孩子，开始能够按照一定的规则做事，能初步控制自己的情绪和行为，有时还会出现"反抗"行为，如因饭菜不可口闹脾气等。5~6岁的孩子已经能主动地克服困难，坚持把事情做完，如坚持自己穿好衣服；坚持做完拼图游戏等。

家长应在符合孩子成长规律的基础上，有意识地培养孩子的坚持性，那么，如何培养孩子的坚持性呢？

首先，创造良好的环境。

家长有时出于关心，会不分时间、场合经常打断孩子正在做的事情，这是影响孩子做事有始有终的因素之一。比如，孩子正在专心地画画，妈妈不时地问孩子："吃香蕉吗？"孩子在正常活动的过程中，不断被打断，这会影响孩子做事的兴趣和效果。

孩子的思维活动需要连续性，经常受到干扰，孩子的心就静不下来，时间长了，孩子的坚持性就差了。所以，当孩子正在做事时，家长坚决不能去打扰他，给他创造一个一心一意做事的环境，这对培养孩子的坚持性是非常有帮助的。

其次，给孩子一定的选择权。

常听到有的家长抱怨，孩子做事没有坚持性，跳舞学了两天就不学了，画画学了三天半就不学了。出现这种情况，孩子自身有原因，家长也应该反省，不少孩子学习兴趣班，并不是自愿的，而是家长帮助孩子选择的，如果选择的项目并不是孩子喜欢的、感兴趣的，他们就很难有坚持性，一心一意地学习某个项目。所以，在给孩子报兴趣班时，要充分尊重孩子的意见，给孩子一定的选择权。

第三，给孩子锻炼的机会。

第五章 提高孩子适应社会的能力

培养孩子的坚持性，你可以和孩子一起在花盆里种一颗种子，和孩子一起观察；周末的时候，带孩子一起去爬山，鼓励孩子自己爬上山顶。我个人认为爬山是对孩子坚持性最好的锻炼。

沛泽在两周九个多月的时候，我和老公带孩子去爬香山，去之前，我和老公已经商量过了，争取让孩子独自爬上山顶。说实话，虽然这样打算，但心里还是七上八下的，毕竟孩子还小。

第一次爬山，沛泽兴致很高，边走边玩，没有喊累，也没有让我们抱，但爬到距离山顶1/3的路程时，路越来越陡，加上有旁人在一旁说，"这么小的孩子就来爬山，累坏了怎么办？"儿子就开始嚷累，让我们背着。我和老公一再鼓励他，让他坚持到最后，并承诺爬上山顶就有奖励，最终，儿子爬到了山顶。

如果不是亲身经历，我真难以想象一个不到三周的孩子，能登上香山，这也说明很多时候，孩子的潜力是超乎我们想象的。给孩子一个机会吧，相信你的孩子，鼓励他，让他坚持达到目标，让孩子体验到通过坚持获得的由衷快乐。

此外，培养孩子的坚持性，要考虑孩子的能力水平，对于一些难度较大的项目，家长可以分解成一个个小目标来完成，帮助孩子制定计划，这有利于保护孩子的积极性，否则太难的目标，就会让孩子产生退缩，不利于坚持性的培养。

宝宝听故事

一事无成的哼哼猪

一天早晨，小动物们在森林里玩，每个小动物都展示一手绝活，嘻嘻猴能一下子爬上很高的大树，摘到树上鲜美的果子，和小伙伴们一起分享；叮叮鼠能打洞，带领小伙伴们欣赏到地底下的世界；多多熊的力气最大，能一巴掌将一个很粗很粗的木头劈成两段。接下来轮到哼哼猪了，可它实在不知道自己有什么技能。

"哼哼猪，你快表演啊？"嘻嘻猴催促道。

"我……我……"哼哼猪吞吞吐吐地说不出话来。

"你不会什么都不会吧？哈哈……"多多熊嘲笑道。

"哼哼……"哼哼猪气得直哼哼。

第五章　提高孩子适应社会的能力

"哈哈……原来你就会哼哼啊！"叮叮鼠也来嘲笑哼哼猪。

哼哼猪又羞又恼地跑回了家找妈妈，"妈妈，我很难过，因为我什么都不会，嘻嘻猴能爬上树摘果子，叮叮鼠能挖很深的洞，多多熊一掌能劈开木头，可我……"哼哼猪说不下去了，伤心地哭了。

"孩子，别伤心，其实我们猪是非常聪明的，只要你选定一样本领，每天练习，一定会和小伙伴们一样优秀。"

听了猪妈妈的话，哼哼猪心里很高兴，它决定从明天开始，就加强锻炼，它要和多多熊一样力大无比。两天过去了，哼哼猪有些不耐烦了，"每天跑步、打拳，太累了，我还是换一个本领学习吧。"

第三天，哼哼猪开始学嘻嘻猴爬树，它来到一棵大树跟前，使劲地向上爬，可刚爬了两下，就从树上跌落下来，"哎！这个也太难了，我看还是算了吧，还是学叮叮鼠打洞吧。"

哼哼猪学着叮叮鼠的样子，用爪子使劲地刨地，不一会儿，手指头就磨出了血，哼哼猪疼得哇哇大叫道："不学了，不学了，太辛苦了！"

就这样，年复一年，日复一日，哼哼猪什么都没有学会，只会哼哼叫。

考考你

1. 父母问：嘻嘻猴有什么本领？

   宝宝回答：_____

2. 父母问：哼哼猪都学习了什么本领，它学会了吗？

   宝宝回答：_____

3. 父母问：你知道哼哼猪为什么会一事无成吗？

   宝宝回答：_____

执着的小蜗牛

一天，丫丫兔、哈哈狗、咪咪猫在森林里捉迷藏，它们发现了一种奇怪的小动物，它的背上背着一个重重的壳，走起路来慢腾腾的，比乌龟爬得还慢呢！

"这是什么东西呀？我从来没见过它。"咪咪猫奇怪地看着正在地上爬行的小动物，哈哈狗、丫丫兔也仔细地观察着这个慢腾腾的家伙。

"你们好！我是小蜗牛。"

"你好，小蜗牛，你要去哪里呀？"丫丫兔问。

小蜗牛停下来，伸了伸懒腰，回答说："我要去爬上那座山。"小蜗牛用手指了指远处的山。

丫丫兔、哈哈狗、咪咪猫听完哈哈大笑起来，哈哈狗笑得直不起腰："小蜗牛，你真不知道天高地厚！"

丫丫兔笑得都流出了眼泪，"小蜗牛，你赶紧回家吧，别自不量力了。"

"就是，说不定你还没爬到山脚下，就已经累得走不动了。"咪咪猫也奉劝小蜗牛好自为之。

"哼！我一定能登上山顶的。"小蜗牛生气地爬走了。

几天后，小蜗牛爬到了山脚下，它抬头看了看大山，勇敢地说："我才不怕你呢，我一定能征服你！"小蜗牛一步一个脚印，开始了艰难的爬行。

又过了几天，小蜗牛爬到了半山腰，它累得气喘吁吁，可是一想到小动物的嘲笑，它就对自己说："我一定行，一定要爬上山顶，采一朵雪莲花回来。"

小蜗牛继续向前爬，又过了几天，小蜗牛终于爬到了山顶，它站在

第五章　提高孩子适应社会的能力

山顶上大声地喊:"我成功了,我是最棒的!"

当小动物们看到小蜗牛拿着一朵美丽的雪莲花后,没有一个再敢嘲笑小蜗牛了。

考考你

1.父母问:小蜗牛要做一件什么事情?

宝宝回答:＿＿＿＿＿＿＿＿＿＿＿＿＿＿＿＿

2.父母问:小动物们为什么嘲笑小蜗牛?

宝宝回答:＿＿＿＿＿＿＿＿＿＿＿＿＿＿＿＿

3.父母问:最终,小蜗牛爬到山顶了吗?你认为它为什么会成功呢?

宝宝回答:＿＿＿＿＿＿＿＿＿＿＿＿＿＿＿＿

第六章

帮助孩子储蓄未来

好父母都是故事大王

金钱是怎么来的——在劳动中体现自我价值

现在的孩子很小的时候就知道钱可以换回很多自己喜欢的东西,好吃的食品,好玩的玩具,漂亮的衣服,但他们并一定知道钱是怎么来的。

记得沛泽3岁的时候,特别喜欢让我带着他去银行,一到银行,就跟我要银行卡,然后拿着银行卡就往自动取款机里面查。起初,我以为是他对自动取款机好奇。

一次,我去超市买东西,发现钱包没有钱了,我问儿子:"我没有钱了,怎么办啊?"儿子回答道:"去银行取呗。"这时我才明白,原来在儿子的头脑里,一直认为自动取款机是能产生钱的,没有钱就去银行取就可以了。我听了儿子的回答既可笑又后悔,后悔没有早点告诉孩子钱是通过辛勤劳动获取的。

孩子自从知道钱能买回东西后,需要什么就会找父母要钱,看到父母每次都能轻松地去口袋里拿出钱,他们当然会觉得钱是很容易获得的,甚至会可笑地认为只要从银行里取就有花不完的钱。有这种想法的孩子花起钱来大手大脚,不知道珍惜,不懂得感恩父母,这对孩子的成长是非常不利的。所以,父母有必要让孩子了解金钱是怎么来的。

第六章　帮助孩子储蓄未来

首先，父母应该尽早告诉孩子金钱的来之不易。

在给孩子购买东西的时候，父母就应有意识地告诉孩子金钱是父母辛勤劳动换来的，让孩子从小就应该明白金钱的来之不易。这样说可能孩子不能更好地理解，你可以告诉他10元钱能买多少东西，需要父母花费多长时间，付出多少劳动才能获取，这能加深孩子对金钱来之不易的认识。

其次，带孩子到自己工作的地方体验一下。

我认为，给孩子一次亲身体验自己工作的机会胜过几十次的说教。

一次，周末加班，保姆因事外出，我没有办法，只能带孩子一起去单位加班。那天，儿子很乖，安静地坐在座位上看我忙碌，加完班回家的路上，儿子突然对我说了一句话，令我感动得热泪盈眶，"妈妈，你辛苦了，原来赚钱这么不容易啊！"

第三，让孩子通过劳动获得报酬。

为了让孩子明白劳动与金钱之间的关系，你可以给孩子创造一些机会，比如，在家里给孩子分配一些他能做的事情，并根据劳动量的大小与难度给孩子支付相应的报酬，这会让孩子体会到劳动的辛苦，让他明白要想拥有美好的生活，必须通过勤劳的双手去获得。

生活需要金钱，父母要让孩子尽早知道金钱是通过劳动换来的，不但有利于孩子学会节俭，还有利于帮助孩子学着用劳动赚取金钱，提高孩子的生存能力。

宝宝听故事

好吃懒做的哼哼猪

哼哼猪一天天长大了，饭量越来越大，可哼哼猪的爸爸妈妈的年龄一天比一天大，它们赚的钱越来越少，已经无法满足生活的需要了。

一天，猪妈妈对哼哼猪说："孩子，你已经长大了，你要出去劳动赚钱，不然的话，我们就会饿肚子了。"

哼哼猪回答说："那好吧。"

哼哼猪出了家门，看到牛伯伯在田里耕地，它对牛伯伯说："牛伯伯，我帮你耕地吧？"

牛伯伯回答说："好啊！你要把这块地帮我耕完，我就给你10元钱的报酬怎么样？"

哼哼猪高兴地答应下来，可是还没有干一会儿，它的肩膀就累得酸痛，"哎呦！这也太累了，我还是找一个轻松的活干吧？"

哼哼猪告别了牛伯伯，在森林里看到咪咪猫一家在晒鱼干，跑过来对猫妈妈说："猫阿姨，我帮你们晒鱼干吧？"

猫妈妈高兴地答应下来，并承诺晒一天的鱼干，就可以得到8元钱的报酬。可是，哼哼猪才干了一会儿，就捂着鼻子对猫妈妈说："这鱼干太难闻了，我不干了。"

哼哼猪又告别了猫妈妈，遇到了正在晒谷子的鸡婆婆，"鸡婆婆，我帮你晒谷子吧？"鸡婆婆说："那好吧，你帮我把这些谷子晒完，我就给你5元钱的报酬，怎么样？"

"好哇！"哼哼猪爽快地答应下来，可是不一会儿，它就不愿意干

第六章 帮助孩子储蓄未来

了,"鸡婆婆,这谷子太重了,我都背不动,我不干了。"

太阳快要下山了,哼哼猪想了想,我还是回家吧。猪妈妈正在等着哼哼猪回家,因为家里已经没有米下锅了,它等着哼哼猪赚些钱回来买米,可哼哼猪却两手空空地回到了家里,晚上哼哼猪的肚子饿得咕咕直叫,"哎呦!好饿啊!"

考考你

1. 父母问:猪妈妈叫哼哼猪去做什么?

   宝宝回答:_____

2. 父母问:哼哼猪帮助牛伯伯做什么了?

   宝宝回答:_____

3. 父母问:哼哼猪为什么没有赚到一分钱?

   宝宝回答:_____

勤劳的哈哈狗

由于哼哼猪太懒，不爱劳动，所以没有人雇用它干活，所以，它常常饿肚子。一天，哼哼猪闲来无事，在森林里转悠，看到哈哈狗正在吃肉骨头，馋得它口水都流出来了。

"哈哈狗，你的肉骨头真香啊！我从森林那边都闻到香味了。"哼哼猪眼睛一动不动地盯着哈哈狗手里的肉骨头。

"那当然了，这是我辛勤劳动所得。"哈哈狗自豪地说。

哈哈狗是这片森林里最能干的了，哼哼猪问哈哈狗："哈哈狗，你的肉骨头是从哪来的呀？"

"我帮助人类看家护院，还陪他们上山打猎，他们就奖给我肉骨头，还有，我帮猫妈妈捉鱼，也赚得一些钱。"

"哎！你太能干了，可是我怎么都不会呀！"哼哼猪自言自语地说。

"只要辛勤劳动，你也可以有钱买肉骨头啊！"

"可是，劳动太累了，我干一会儿，就累得满身大汗，你瞧！连新买的衣服都弄脏了。"哼哼猪为难地说。

"哼哼猪，你太懒了，你看森林里的小动物都比你勤苦，鸡公公每天大早起来，叫人们起床劳动；啄木鸟为大树治病，保护森林；牛伯伯辛勤地耕地；马叔叔为人类搬运重物，只有勤劳的人才能过上幸福生活。"

听了哈哈狗的话，哼哼猪哼哼了两声说："有什么了不起的，我哼哼猪懒有懒福，我回家睡觉去了。"可是，哼哼猪的肚子饿得咕噜咕噜直叫，它哪里睡得着啊！

第六章　帮助孩子储蓄未来

考 考 你

1. 父母问：哈哈狗是如何辛勤劳动的？

   宝宝回答：_____

2. 父母问：为什么没有人雇佣哼哼猪干活？

   宝宝回答：_____

3. 父母问：这个故事告诉我们一个什么道理？

   宝宝回答：_____

爱财要取之有道——如何应对孩子"偷钱"行为

君子爱财取之以道，这个道理成人都懂，但孩子不懂，他们只知道拿到钱就可以从商店里买好吃的东西，好玩的玩具，当他们不能以正当方式从家长那里要钱时，孩子就会采取私拿的方式，家长通常会把这种行为称之为偷。

我的一个朋友非常苦恼，因为她家5岁的女儿经常偷偷地从她钱包里拿钱，朋友非常生气，第一次拿钱，朋友狠狠地教训了女儿，"这么小，你就偷东西，长大了怎么得了？！"可这次严厉的批评，并没有起到效果。不久后，女儿又偷拿了朋友钱包里的钱，面对朋友的训斥，孩子竟然顶嘴说："这不是偷！"

看过上面的事例，相信很多家长会把孩子的行为认定为偷，如果孩

好父母都是故事大王

子只偷拿家里的钱，并不会拿陌生人的钱，这两者的性质是不一样的，孩子的行为并不是实质意义上的偷窃。这是一种简单的"唯我"心理，一种单纯的"利己主义"，是孩子在没有建立成熟的道德观前的一种自发行为。所以，家长不要轻易用"偷"来定义孩子的行为，要尊重孩子的人格。

我认为出现孩子拿家里钱的行为最令人担心的不是"拿"这个行为，而是"为了达到目的而不择手段"的思维，在这个不好的倾向还在萌芽状态的时候，也是我们给孩子树立正确观念的绝好时机。

发现孩子有偷拿家里钱的行为后，家长应尽量控制自己的情绪，不要大声呵斥孩子，甚至动手打孩子，应与孩子心平气和地交谈，了解一下孩子为什么拿钱，钱都花在哪些地方了，让孩子明白在没有经过家人的允许的情况下，拿钱是错误的行为，然后与孩子商量制订可执行的零花钱制度。

当然，我们还要考虑如何避免孩子偷钱行为的再次发生，首先，要满足孩子花钱的欲望，不少家长会说我家孩子什么都不缺，要什么给什么，他花钱的欲望早就超支了。事实并非如此，我说的花钱欲望是指让孩子自己拿钱去买东西，孩子这种模仿成人的行为，在他们看来是很酷的，有些时候孩子拿父母的钱去买东西，只是满足自己强烈的尝试欲望而已。

其次，与孩子建立亲密的亲子关系，不少家长因忙于工作，很少与孩子沟通，孩子常常感到孤独，会想方设法引起父母的注意，甚至通过偷钱的行为来引起家长的注意，所以，父母平时要多与孩子进行沟通交流，了解孩子的想法。

还有一点就是培养孩子的理财观念，这一点已经在上面叙述了，在此不再赘述。

第六章　帮助孩子储蓄未来

宝宝听故事

哼哼猪偷钱故事

哼哼猪又馋又懒，家里的粮食已经吃得差不多了，可它还是不肯出去赚钱，年迈的猪爸爸只能辛苦地赚钱养活一家人。

一天早晨，哼哼猪去森林里遛达了，猪妈妈在家收拾房间的时候，它发现昨晚放在抽屉里的两元钱不见了，那可是猪爸爸辛辛苦苦赚来的呀！猪妈妈找遍了家里的每个角落，都没有找到。猪妈妈想：难道这钱长了腿跑了不成？或者被小偷偷走了？

就在猪妈妈百思不得其解的时候，哼哼猪打着哈欠走了进来，猪妈妈突然想：不会是哼哼猪把钱偷走了吧？于是，猪妈妈问："哼哼猪，你看到我放在抽屉里的钱了吗？"哼哼猪不敢抬头，拼命地摇头，"没有，没看到。"

好父母都是故事大王

中午的时候，猪妈妈做好了饭，喊哼哼猪吃饭，躺在床上的哼哼猪翻了翻身说："我不饿了，我吃饱了。"说完，赶紧把嘴巴捂住了。猪妈妈很纳闷，哼哼猪可能吃了，每次不到吃饭的时间都嚷嚷着要吃饭，这次它怎么说不饿的，难道是生病了？

猪妈妈走进哼哼猪的房间，伸手摸了摸哼哼猪的额头，不发烧呀！就在这时，哼哼猪打了一个大大的饱嗝，猪妈妈顿时闻到一股很浓的红烧肉的味道，猪妈妈立刻明白了一切，伤心地说："孩子，你太让妈妈伤心了。"

哼哼猪意识到自己错了，支支吾吾地对妈妈说："妈妈，对不起，是我拿了你放在抽屉里的二元钱。"猪妈妈生气地说："孩子，有钱能买很多好吃的，但不能偷钱，只有自己辛辛苦苦赚来的钱花起来才舒心。"

考考你

1. 父母问：猪妈妈把钱放在了哪里？

   宝宝回答：_____

2. 父母问：是谁拿走了猪妈妈的钱？

   宝宝回答：_____

3. 父母问：偷钱对吗？想得到钱，我们该怎么做？

   宝宝回答：_____

不劳而获的叮叮鼠

自从叮叮鼠和丫丫兔在嘻嘻猴开的草帽公司工作之后，它们赚了不少钱。不过，两人比较起来，丫丫兔赚得更多，因为丫丫兔编的草帽又

第六章　帮助孩子储蓄未来

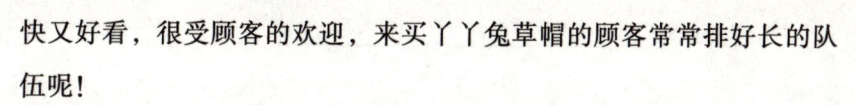

快又好看，很受顾客的欢迎，来买丫丫兔草帽的顾客常常排好长的队伍呢！

叮叮鼠见丫丫兔这么能干，非常嫉妒，心想哪一天我要是和丫丫兔一样能干就好了，这样我就可以拥有好多好多的钱了，到时候我就能和牛伯伯一样，也买一辆大汽车，那多威风啊！

于是，叮叮鼠每天都挖空心思想如何赚到更多的钱。一天，丫丫兔请了假，去给兔妈妈过生日，叮叮鼠发现放草帽的仓库里堆放了很多丫丫兔编织的草帽，叮叮鼠就悄悄地把草帽偷了出来，放到自己编织的草帽当中。那一天，叮叮鼠比往常多赚了好几百块钱，它可高兴了，"太棒了，不用那么辛苦，我就可以赚到更多的钱了。"

第二天，粗心的丫丫兔并没有发现仓库里的草帽少了，叮叮鼠暗暗高兴，"这个马虎的兔子，草帽少了都不知道。"于是，叮叮鼠每天晚上都会悄悄溜进仓库，来偷丫丫兔的帽子。一天，叮叮鼠正在偷仓库里的草帽，被正在值班的经理哈哈狗看见了，哈哈狗用绳子将叮叮鼠绑起来，带到了老板嘻嘻猴面前，嘻嘻猴听后非常恼火，决定开除叮叮鼠，并扣了它大部分的工资。

从此以后，叮叮鼠没有了工作，没有了赚钱的机会，它后悔极了。

考考你

1. 父母问：叮叮鼠偷了谁做的草帽？它为什么这样做？

   宝宝回答：_____

2. 父母问：叮叮鼠是被谁抓住的？

   宝宝回答：_____

3. 父母问：嘻嘻猴是如何处置叮叮鼠的？

好父母都是故事大王

宝宝回答：_____

培养孩子的财商——给孩子一个美好的未来

在家庭教育中，如何安排孩子的零花钱，是父母不能忽视的问题，合理地安排孩子的零花钱，有助于培养孩子勤俭节约的好品质，还可以帮助孩子提高支配生活的能力。

我认识一对孪生兄妹，兄妹两都已经30岁了，小凤的日子过得很红火，小龙则要靠父母接济，是一个名副其实的啃老族。同在一个家庭里长大，为什么长大后的生活会如此迥异呢？

这要追溯到他们小时候，父母每个月都会给他们每人50元钱作为零花钱，小龙花钱没有计划，常常没到月底就把钱花光了。

小凤则不同，得到零花钱之后，会把钱分成几份，哪些是用于购买书籍的，哪些是用于购买生活用品的，哪些是用来储蓄的，会有一个详细的规划，所以，小凤不会出现入不敷出的情况。

从这对孪生兄妹小时候的经历，我们不难明白今日生活境况为何如此迥异，所以说，家长合理安排孩子的零花钱绝不是小事，它有可能影响孩子一生的幸福。

说到合理安排零花钱，我们首先要从家长如何给孩子零花钱说起，有些家长是孩子要就给，不要就不给，没有个计划，这样做很难让孩子有计划地花钱，建议家长应定期给孩子一定数目的零花钱，这样便于孩子安排自己的小计划。如果孩子年龄太小，家长不能任其花销，应该帮助他们合理使用。

第六章　帮助孩子储蓄未来

零花钱给了孩子之后，家长要引导、帮助孩子做好支出计划，保证在下次零花钱发放之前，不会花空。这样做的目的是控制孩子冲动消费，不要让孩子的钱很快花光。有些孩子外出购物常常没有节制，只要手里有钱，看到什么就想买什么，所以，最好在孩子外出购物前做好采购计划，带好大概的消费金额，这也是防止孩子冲动消费的一个好方法。

如果孩子不能按计划支配零花钱，家长可以建立必要的奖惩制度，比如，若孩子能做到有计划地花钱，可以适当地给孩子增加可自由支配的零花钱，注意不能太多；若孩子不能做到有计划地花钱，可以适当减少孩子的零花钱。

宝宝听故事

零 花 钱

自从鼠妈妈给叮叮鼠和铛铛鼠各购买了一个存钱罐以后，叮叮鼠就把爸爸妈妈给的零花钱，还有赚来的钱，小心翼翼地保存到存钱罐里。每个周末，它会拿出10块钱，并把这10块钱的用途做一个简单的规划，由于计划得好，叮叮鼠的存钱罐从来都没有瘪过。

虽然铛铛鼠也有一个存钱罐，但它的存钱罐总是瘪着肚子，因为每次从爸爸妈妈那里拿来零花钱，它一下子就跑到糖果店，把全部的零花钱都买糖果吃了。

一天，铛铛鼠看到叮叮鼠在吃糖果，铛铛鼠也想吃，可它早已没有钱了。于是，它问叮叮鼠，"你怎么有钱买糖果啊？"叮叮鼠神秘地说："因为我有花不完的钱，当然就有钱买糖果吃了。"

好父母都是故事大王

> 当当鼠怎么那么多钱买糖，是不是妈妈偏心，多给他钱了？

铛铛鼠不明白自己和哥哥的钱是一样多的，为什么哥哥的钱总是花不完呢？对了！肯定是妈妈偏心，多给了哥哥零花钱。于是，铛铛鼠气愤地跑去问妈妈，"妈妈，你偏心，为什么多给哥哥零花钱，不给我！"鼠妈妈很纳闷，回答说："孩子，我给你们同样多的钱啊！"铛铛鼠不信地摇了摇头，"那为什么哥哥总有糖果吃？你肯定多给它钱了。"

听了铛铛鼠的话，鼠妈妈笑了，"孩子，你错了，哥哥总有钱花是因为它懂得计划着花钱，而你没有计划，拿到零花钱一下子就花光了。"

听了妈妈的话，铛铛鼠羞红了脸。

考考你

1. 父母问：叮叮鼠和铛铛鼠得到的零花钱一样多吗？

   宝宝回答：_____

2. 父母问：叮叮鼠为什么总有钱花呢？

第六章　帮助孩子储蓄未来

宝宝回答：_____
3.父母问：小朋友，你的花钱计划是什么呢？
宝宝回答：_____

丫丫兔献爱心

丫丫兔非常勤劳、善良，自从在嘻嘻猴开办的公司上班后，丫丫兔赚了不少钱，多得存钱罐都快装不下了，它给爸爸妈妈买了好看的衣服、好吃的食物，爸爸妈妈夸它是一个孝顺的好孩子。

丫丫兔一直在想：我有这么多钱，应该做一些有意义的事情。一天，丫丫兔正在家里看电视，哈哈狗气喘吁吁地跑来，上气不接下气地说："不好了，不好了！大象探长在抓捕大灰狼的时候受伤了，现在正在医院抢救。"

"大象探长是为了保护森林才负伤的，我们应该去看看它。"丫丫兔和哈哈狗连忙跑到医院，医生正在紧张地抢救，由于大象的身体太大了，医院的血库告急，丫丫兔自告奋勇第一个站出来为大象探长献血。

几天后，大象探长脱离了危险，丫丫兔拿出自己的零花钱，给大象探长买了很多营养品，有牛奶、有蜂蜜，还有好吃的蛋糕，去医院看望大象探长。

"丫丫兔，你怎么买了那么多东西啊？要花好多钱吧？"大象探长说。

"没关系的，大象探长，你是为了保护森林才负伤的，你是我们心目中的英雄，这些都是我用自己的零花钱买的，祝你早日康复。"

从医院出来，丫丫兔心里美滋滋的，它觉得自己做了一件非常有意义的事情。

考考你

1. 父母问：大象探长为什么会负伤？

   宝宝回答：_____

2. 父母问：丫丫兔给大象探长买了什么东西？

   宝宝回答：_____

3. 父母问：丫丫兔为什么觉得自己做了一件有意义的事情？

   宝宝回答：_____

教孩子学会有计划地花钱——零花钱该怎么花

现代社会经济竞争越来越激烈，很多家长为了给孩子一个美好的未来，都在努力地赚钱，给孩子好的教育环境，好的生活环境。但是，我们却忽视了孩子的未来需要他们自己把握，就算我们能够给孩子一座金山银山，如果孩子没有建立起正确的金钱观，富不过二代就会一语成谶。所以，给孩子财富，不如丰富孩子的头脑，培养孩子的财商。

培养孩子的财商第一步，要给孩子建立正确的金钱观，要让孩子从小认识到要生活得更好，就必须去赚钱，然后才能用钱去购买自己需要的东西。当然，我们也应该告诉孩子，金钱不是万能的，要学会感恩，不然就会给孩子从小灌输了拜金的思想。

沛泽在3岁时，已经知道金钱是个好东西，因为用它可以买自己喜欢吃的东西，饼干、面包、巧克力。所以，春节的时候，亲戚朋友给他的

第六章　帮助孩子储蓄未来

压岁钱，他拒绝由我们来保管，而是把它放在自己的抽屉了，出去购物时，如果我说花他的钱，他就会嘟囔着小嘴说："我的钱花完了怎么办啊？"

我对儿子说："沛泽，这些压岁钱是谁给你的呀？"他的记性很好，谁给的、给多少他都门儿清，于是我又说："他们给你压岁钱是因为爱你，他们爱你，你也要爱他们，你能不能从你的压岁钱里面拿出一部分给爱你的人买一些好吃的东西呢？"

起初，沛泽不太愿意，我又跟他讲，"如果这样，明年就没有人给你压岁钱了，因为你不爱他们，他们也不会爱你了。"最终沛泽拿出一百块，给我买了几斤苹果，给姥姥买了一箱牛奶。之后，我将剩下的钱交给儿子，由他保管。

我这样做既让孩子认识到金钱的作用，又让孩子学会了感恩，感激那些爱他的人。

培养孩子财商的第二步就是帮助孩子养成记账的习惯，对于三四岁的孩子来说，要他们独立完成记账恐怕有些困难，其实记账的目的就在于让孩子知道钱花到哪里去了，便于分析花出去的钱是否有价值，若孩子太小，记账困难，你可以和他坐下来一起分析，目的也就达到了。

培养孩子财商的第三步是让孩子懂得储蓄，有计划地花钱。孩子自控能力差，往往有钱就花，父母要给予引导，帮助孩子做好规划。

前不久，沛泽一直吵着要买一个遥控飞机，我并没有直接答应他，而是告诉他，等到存够150元就可以买一个遥控飞机了。儿子问我怎么才能做到，我跟他说，你把我每星期给你的零花钱存起来，再帮我干一些活赚一些钱，差不多三个月后就能买一架遥控飞机了。儿子一听三个月，马上不干了。"那你可以不买遥控飞机啊！把我给你的零花钱全部

好父母都是故事大王

买零食就可以了。"沛泽思量了一番,最后还是坚持买遥控飞机。三个月后,儿子用自己存下的零花钱买了一架遥控飞机。

诚然,父母会毫不吝惜地给孩子最伟大的爱,但是,父母却不一定能让孩子富裕一辈子,所以,从小培养孩子的财商,是让他将来幸福的有力保障,爱他就应该懂得真爱,如何去爱。

宝宝听故事

存钱罐的秘密

"妈妈,我想买糖果吃,给我点钱吧。"

"妈妈,我也想买糖果吃,给我点钱吧。"

鼠妈妈正要去田里干活,叮叮鼠和铛铛鼠却争先恐后地向它要钱。

"给你,给你!"鼠妈妈给叮叮鼠和铛铛鼠各塞了两块钱,叮叮鼠和铛铛鼠冲出家门,奔向糖果店,把妈妈给的钱全都买了糖果。

第二天,鼠妈妈正要出门干活,叮叮鼠和铛铛鼠又伸手要钱买糖果吃,鼠妈妈说我已经没有钱了。叮叮鼠和铛铛鼠很失望,可它们还想吃糖果,就到糖果商店门前转来转去。

这天,丫丫兔从糖果店买了一大袋糖果,看到叮叮鼠和铛铛鼠,炫耀地说:"这糖果真好吃,你们想吃就回家找妈妈要钱买啊!"

叮叮鼠和铛铛鼠觉得很奇怪,就问丫丫兔,"你买那么多糖果,需要花好多钱,你哪里来这么多钱啊?"

"因为我家有棵摇钱树啊!"丫丫兔神秘地说。

什么是摇钱树啊?叮叮鼠和铛铛鼠从来没听说过世界上还有这种

第六章　帮助孩子储蓄未来

树,它们决定去丫丫兔家看看。

很快,它们来到了丫丫兔家,"兔阿姨,听说你家有个摇钱树,你能让我们看看吗?"

"摇钱树?"兔妈妈奇怪地看着叮叮鼠和铛铛鼠。

"是啊!有了摇钱树,你就有很多钱给丫丫兔,它就能买很多糖果吃了。"

听了它们的话,兔妈妈笑了,指了指桌子上的存钱罐说:"这就是我家的摇钱树。"

叮叮鼠和铛铛鼠不明白,回家问妈妈,妈妈笑着没有回答,第二天,鼠妈妈也买了一个存钱罐,对孩子们说:"等把这个存钱罐装满,我们家也有了摇钱树,到时候你们就可以买很多糖果吃了。"

从此以后,叮叮鼠和铛铛鼠再也不乱花钱了,它们开始拼命地存钱。

考考你

1. 父母问：叮叮鼠和铛铛鼠向妈妈要钱买什么吃？

   宝宝回答：_____

2. 父母问：丫丫兔家真的有摇钱树吗？

   宝宝回答：_____

3. 父母问：这个故事告诉我们一个什么道理呢？

   宝宝回答：_____

嘻嘻猴的致富之道

前不久，一个投资商来到森林考察，他认为这是一个天然的景区，准备把它开发成旅游区。嘻嘻猴的头脑灵活，听到这个消息之后，它一蹦三尺高，"我要发财了，我要发财了！"

由于森林里的环境好，好多生活在城市里的人们来到这里休闲度假，嘻嘻猴用树枝编织成草帽，卖给人们，"快来买呀，五元钱一个，便宜又好看。"人们从来没见过做生意的猴子，都觉得新鲜，纷纷来买嘻嘻猴做的草帽，供不应求。

后来，嘻嘻猴觉得这样赚钱太慢了，它就聘请了心灵手巧的丫丫兔、叮叮鼠来帮它编草帽，这样一天就能多卖100顶草帽，它就能多赚到500元钱。

看到来森林里旅游的人越来越多，嘻嘻猴又利用自己的表演天赋，建立了大森林娱乐公司，聘请百灵鸟、黄莺当歌手，蜜蜂、蝴蝶来跳舞，又让嘻嘻猴狠狠地赚了一把。

现在，嘻嘻猴不用每天卖力地编织草帽，卖草帽了，它已经雇哈哈狗来管理了，大森林娱乐公司也由忠厚老实的牛伯伯来代为管理，它每天坐在家里，听哈哈狗和牛伯伯报告每天的工作情况就可以了，嘻嘻猴已经成为名副其实的小老板了。

考考你

1. 父母问：嘻嘻猴是靠什么发的财？

   宝宝回答：_____

2. 父母问：嘻嘻猴雇佣谁来管理大森林娱乐公司？

   宝宝回答：_____

3. 父母问：为什么说嘻嘻猴是一个名副其实的小老板？

   宝宝回答：_____

宝宝的理财经——理财从压岁钱开始

还记得我小时候，每年过年都能收到一些压岁钱，但事后总会被妈妈收缴，只能留着红包看看，过过眼瘾。现在不少家长，还和我父辈人有同样的观点，"压岁钱当然要由父母管，小孩子只会乱花钱！"有这样想法的家长恐怕低估了孩子的理财能力，根本就没有给孩子尝试的机会，怎么知道他会乱花钱，不懂得理财呢？

沛泽3岁的时候就已经不满意我们帮他掌管压岁钱，他会将压岁钱放在自己的抽屉里，不让我们去动。那时，他很小气，每次买东西他都会让我们掏钱，因为他担心自己的压岁钱会花光了。这可以说是孩子理财萌芽的开始。

　　我的一个朋友，孩子刚刚6岁，基本上就能够支配压岁钱，他会把一半的压岁钱存入银行，剩下的钱扣除新学年交学费的费用，剩下的钱平均分配到每个月中，计算出每个月的花销。若要买学习用品，孩子平时会省吃俭用，尽量做到每月不超支，朋友告诉我，孩子还经常出现每月结余的情况，用孩子的话说："能省就省，花钱我会心疼。"

　　由此可见，让孩子学会花钱、管钱也是"成长需要"。现在过年，家长给孩子的压岁钱越来越多，孩子收到几千元"压岁钱"已经非常普遍，上万元也大有人在。过去收的钱少，通常都会给孩子当零花钱，随着压岁钱越来越多，全给孩子当压岁钱是不现实的，不如借这个机会，教给孩子理财的本领，让小鬼来当家。

　　如果孩子收到的压岁钱在1000元以内，家长可以与孩子商量后共同制定一份使用计划书，让孩子自己使用，比如，用多少钱购买学习用品，多少钱用于娱乐，多少钱购买自己喜欢的物品，当然，你也可以鼓励孩子将一部分钱作为储蓄。这种方法有利于培养孩子合理的消费观念，如果孩子还小，父母应该监督孩子的执行过程，以免孩子因冲动乱花钱。

　　如果孩子收到的压岁钱数量较大，最好帮孩子建立一个"压岁账户"，可以定期为一年，等到第二年的时候，再将新得到的压岁钱存到里面，这样压岁钱就会滚雪球似地越滚越大。提醒家长们一点，一定要让告诉孩子什么是利息，把钱存到银行里会得到多少利息，这会激励孩子储蓄。

　　此外，还可以用压岁钱给孩子买保险。总之，无论采用哪种方式，其目的就是给孩子树立理财观念，让孩子明白钱生钱的道理。

第六章　帮助孩子储蓄未来

宝宝听故事

存钱罐上学记

新年到了，丫丫兔得到了不少的压岁钱，有爸爸妈妈给的，有爷爷奶奶给的，有姥姥姥爷给的，还有姑姑、舅舅给的，多得存钱罐都装不下了，这可怎么办呢？

丫丫兔对兔妈妈说："我的钱多得都装不下了，你再给我买一个存钱罐吧？"

兔妈妈笑着说："孩子，你的存钱罐该去上学了。"

"什么？存钱罐也要上学吗？它的学校在哪里呀？"

第二天一早，丫丫兔抱着存钱罐，跟着兔妈妈出了门，兔妈妈边走边给丫丫兔讲，"存钱罐要去的学校叫银行，那里有很多存钱罐，银行的叔叔阿姨会像老师一样细心地照顾它们。"

好父母都是故事大王

不一会儿,丫丫兔和兔妈妈来到了银行,银行的狐狸阿姨热情地接待了它们,丫丫兔问:"阿姨,我想问一下存钱罐上学要交多少学费呀?"

狐狸阿姨笑着回答:"存钱罐上学是不花钱的,我们会把钱统一管理,借给那些需要钱的人,借钱的人需要向银行支付利息,然后银行就会把一部分利息支付给你。"

"那什么是利息呢?是不是会把存钱罐里面的钱全部借给别人呢?"丫丫兔充满了好奇。

狐狸阿姨解释说:"不是,如果你哪一天想带存钱罐回家,我就会把存钱罐里的钱全部还给你,还要多给你一部分,也就是利息,你明白了吗?"

"啊?是真的吗?存钱罐上学不仅不花钱,还能让存钱罐里面的钱越来越多,真是太棒了!"丫丫兔很快给存钱罐办理了入学手续。

考考你

1. 父母问:存钱罐的学校名字是什么?

   宝宝回答:_____

2. 父母问:存钱罐上学需要学费吗?

   宝宝回答:_____

3. 父母问:你知道什么是利息吗?

   宝宝回答:_____

富人济贫

一天,森林里来了一个大富翁,它想帮助贫困家庭摆脱贫苦。这个

第六章 帮助孩子储蓄未来

大富翁在森林里转来转去，发现哼哼猪家最困难，哼哼猪穿得破破烂烂，裤子都破了一个大洞，吃饭的时候只有三四个红薯，实在太可怜了。

富翁见哼哼猪长得很强壮，就好奇地问："你身体这么强壮为什么不出去赚钱呢？"哼哼猪吞吞吐吐地说："我也想出去赚钱，可是我干一天的活，累得要命，工钱少得可怜，只能买得起最便宜的红薯，勉强填饱肚子。"

富翁想了想认为哼哼猪说得也有道理，干苦力是赚不了多少钱的，他决定帮助哼哼猪一家摆脱贫苦，他对哼哼猪说："这样吧，我给你一些钱，你去做点生意，以后就不用这么辛苦地卖力气了。"哼哼猪一听高兴得不得了，赶紧给富翁鞠了一个躬，富翁放下钱走了。

一年后，富翁又来到了这片森林，他想看看哼哼猪一家是否过上了幸福的生活，结果发现哼哼猪一家比以前更穷了，一天只吃一个红薯度日，富翁非常惊讶，质问哼哼猪，"我给你的钱足够你做生意的了，你的日子怎么会越过越差劲呢？"

哼哼猪吞吞吐吐地说："我担心做生意会把钱赔光了，如果赔了钱，我们就没钱买粮食吃了，所以，我们就花你给我们的钱，结果把钱花光了。"

考 考 你

1. 父母问：哼哼猪家为什么那么穷？

   宝宝回答：_____

2. 父母问：富翁叫哼哼猪拿钱做什么？

   宝宝回答：_____

3. 父母问：哼哼猪为什么没能改变家里的生活状况？

宝宝回答：＿＿＿＿＿＿＿＿＿＿＿＿＿＿＿

告别铺张浪费——让孩子成为精明的消费者

不少父母抱怨孩子不懂得节俭，铺张浪费严重，殊不知，这都是父母长期溺爱的结果，对于要什么有什么的孩子来说，他的头脑里是不会有节俭这个概念的。

朋友家三代单传，生了儿子洋洋之后，那真是含在嘴里怕化了，举在手里怕掉了。如今孩子快6岁了，到商场买东西，看到喜欢的东西就非买不可，稍微慢一点，就会躺在地上打滚。把东西买回家，一会儿功夫就不喜欢了，又要吵着买别的东西。朋友为了不让孩子闹，只能一味地满足孩子的要求，以至于孩子的胃口越来越大，要的东西越来越昂贵，朋友叫苦连天，"现在的孩子怎么这样？一点都不知道节俭。"

要让孩子懂得节俭，不是你告诉他节俭，他就会立刻节俭起来，这需要一个过程，需要给孩子一个亲身体验的机会。

在我家阳台的一角有一个旧物箱，用来放旧报纸、喝过的饮料瓶等，平时收集、存放这些东西的工作都由沛泽来完成，等到旧物箱满了，我会让孩子陪着我将旧物箱拉到废品回收站卖掉。

儿子第一次陪我去废品回收站，满满一箱子东西只换回5块2角钱，儿子吃惊地问我："妈妈，这么多东西才这点钱啊？"我点了点头，儿子又说："我们买这些东西花了好多钱啊！"于是，我告诉儿子要懂得节俭。有了这次亲身经历，儿子对节俭有了深刻的认识，在超市里买东西，总是比较来比较去，买比较划算的，平时家里有废品，他会第一时

第六章　帮助孩子储蓄未来

间放到旧物箱里,也很少要钱买东西了。

我认为,让孩子学会节约最有效的手段就是让他直接参与到财富创造的过程,让他体会到挣钱的辛苦,那样孩子在生活中就不会大手大脚花钱了。

卖废品的钱,我会交给儿子来处理。我给他买了一个储蓄罐,告诉他,有了零钱,就把它放到储蓄罐里,时间长了,储蓄罐里的钱就会越来越多。儿子开心地问我:"妈妈,这是不是我的'银行'啊?"我告诉他,等他大一些的时候,妈妈就会把这些钱给他存到银行里去,孩子很开心,储蓄的习惯就这样慢慢养成了。

我们不仅要教会孩子储蓄,还要给他一些零花钱,让他成为一个精明的、负责的消费者,能平衡收支,避免借债。如果只教他储蓄,不知道如何花钱,那就成了守财奴了,定期给孩子一些零花钱,让他掌握一种基本的生活准则:没有钱,就不买东西。

值得一提的是,当下不少父母将孩子的学习成绩与金钱奖励捆绑在一起,"如果你考试能考第一名,我就奖给你200块"的模式,并不会激发孩子的学习性,相反他们还会认为学习是为了得到金钱,根本无法体会到学习的快乐。所以,千万不要用金钱收买孩子,这会影响到他的正确认知。

217

好父母都是故事大王

宝宝听故事

哈哈狗的困惑

自从在嘻嘻猴的公司担任经理后,哈哈狗赚的钱越来越多,可是哈哈狗好吃、好穿、好玩,所以钱赚得虽然不少,但老是不够用。

同样在嘻嘻猴的公司担任经理的牛伯伯,却越来越富裕,前不久,它还新盖了一间大房子,买了一辆崭新的轿车,在森林里兜风,哈哈狗可羡慕了。它便想去问问牛伯伯,问它是如何变得有钱的?

哈哈狗来到牛伯伯家,"牛伯伯,我想请教你一个问题,可以吗?"

"什么问题啊?你问吧。"牛伯伯和善地说。

"你和我赚的钱一样多,为什么你会变得越来越富有,而我却越来越贫穷呢?"哈哈狗疑惑地问。

第六章 帮助孩子储蓄未来

"这说来话长,却很简单。"牛伯伯坐下来准备和哈哈狗细细说,这时它看到灯还亮着,就对哈哈狗说:"你等一等,我先把灯关了。"

哈哈狗很聪明,看到牛伯伯关灯,它立刻就明白了,站起来对牛伯伯说:"谢谢你,牛伯伯,我明白了,你致富的原因就在于勤俭。"牛伯伯听后,哈哈大笑起来。

考考你

1. 父母问:哈哈狗向谁学习致富的道理?

   宝宝回答:_____

2. 父母问:哈哈狗从牛伯伯那里学到了什么?

   宝宝回答:_____

3. 父母问:你知道什么是勤俭吗?怎么做才是勤俭?

   宝宝回答:_____

儿歌:勤俭节约别浪费

一滴水,两滴水,滴滴汇入江河里。

小米粒,个子小,连起手来高千米。

好宝宝从小要节俭,积土成山,积水成渊,有道理。

不浪费,不显阔,能省就省不可耻。

时时牢记要节约,人人都能变得了不起!

树立正确的金钱观——别让孩子成为金钱的奴隶

一天，我在小区里散步，听到几个五六岁的孩子谈论将来的理想，我很好奇，坐下来仔细倾听，只听一个女孩说："我长大了，要当明星，像范冰冰一样的国际巨星。"一个男孩问："当明星有什么好的？"女孩回答："我妈妈说了，当明星能赚很多钱，要什么有什么，钱多得花都花不完。"

另一个胖胖的小男孩，拍着胸脯说："我长大了才不当明星，我要做大老板，挣大钱！"我在一旁插话说："为什么要挣大钱啊？"男孩笑着说："你太笨了，挣大钱可以开好车，可以住别墅啊！"

从这些稚气的话语中，我们不难看出孩子对金钱的强烈渴望，孩子们的话着实令我震惊，也对孩子们的健康成长多了一分担心。在物欲横流的时代大背景下，错误的金钱观、价值观势必会侵蚀孩子的身心健康，给他们的成长带来不利影响，所以，家长要从小为孩子树立正确的金钱观，不要让孩子成为金钱的奴隶。

目前，家长对孩子的零花钱持两种截然相反的观点，有的家长认为不应该给孩子零花钱，因为担心孩子乱花钱，会学坏。也有的家长认为应该给孩子零花钱，让他们学会花钱是一种生存技能，是一种必须掌握的本领。

其实，不管家长持有哪种观点，都说明家长已经意识到金钱对孩子的成长是很重要的。从小培养孩子勤俭节约的品质，善于理财，合理用钱是很有必要的，但同时我们也看到有些父母利用钱培养出了问题孩子。

第六章　帮助孩子储蓄未来

"儿子，这次考试考第一名，妈妈就奖励你500块钱"、"好孩子，帮妈妈倒垃圾，我给你5块钱作为奖励"、"女儿，你自己收拾房间，爸爸奖励你20块钱"……您对这些场景并不陌生吧？当然我不是对这些奖励全盘否定，在某种特定的情况下，这种奖励是有可取之处的，但需要家长在执行的过程中把握好一个尺度，不然就会让孩子认为一切都是为了"钱"，给孩子建立"一切向钱看"的错误观念。

邻居家的孩子今年6岁，上学前班，前不久哭着喊着要买游戏机PSP，"你不是答应我考试考100分就给我买吗？说话不算话！"孩子的妈妈很为难，"考试之前我是答应你了，不是为你好好学习嘛，可买了游戏机你就会整天玩游戏，耽误了学习。"

原来，这位妈妈经常对孩子许诺，只要你好好学习，妈妈就满足你的一切要求，久而久之，孩子的胃口越来越大，要求越来越高，这让孩子的妈妈有些吃不消，可是不买，孩子就以不好好学习相要挟。

我认为培养孩子正确的价值观，家长首先要善用钱，学会用钱，对孩子不能乱花钱，更不能随意满足孩子的要求，要教会孩子学会支配钱，而不是控制孩子不去花钱。合适的金钱奖励不是不可以，但不能让孩子对金钱形成依赖，更不能让孩子产生错误的认识，否则就得不偿失了。

宝宝听故事

没有钱不干活

猫妈妈为了让咪咪猫养成爱劳动的习惯，对咪咪猫说："孩子，如

好父母都是故事大王

果你勤快一些，帮妈妈干活，妈妈就会给你一些钱作为奖励，这样你就可以买你喜欢的东西了。"

"真的吗？这个主意不错！"咪咪猫很高兴。

早晨，猫妈妈在打扫房间，咪咪猫一把抢过妈妈手里的扫帚，"妈妈，我来帮你干，你给我多少钱呢？"

猫妈妈说："如果你把地扫得干干净净，我就给你1块钱。"

咪咪猫认认真真地扫完地，从猫妈妈那里得到了1块钱，买了它喜欢吃的鱼干。

吃过午饭后，咪咪猫抢着帮妈妈收拾厨房，洗刷碗筷，它又从妈妈那里得到了1块钱。

傍晚的时候，咪咪猫挎着菜篮子帮妈妈去菜市场买菜，从妈妈那里得到5角钱。

这一天，咪咪猫过得很充实，很忙碌，但它很高兴，"如果我每天帮妈妈干活，就有钱买很多很多好吃的鱼干了。"

星期一，咪咪猫高兴地背着书包去上学，"咪咪猫今天该你值日，你负责把教室打扫干净。"小鹿老师对咪咪猫说。

"我扫地，你给我多少钱啊？"咪咪猫问。

"什么？扫地还要给钱，这是大家的教室，每个人都有义务打扫教室。"

"没有钱我不干活！"咪咪猫扔下扫帚走了。

一天，咪咪猫发现自己的课桌下面有很多垃圾，成群的苍蝇在它身边飞舞，赶都赶不走，咪咪猫生气地大声喊道："谁把垃圾放到了这里？"

多多熊说："没有人在你的课桌下面放垃圾，因为你不值日，所以，大家都不愿意打扫你的座位，垃圾就越来越多了。"

咪咪猫沉默了。

第六章　帮助孩子储蓄未来

考考你

1. 父母问：咪咪猫帮助妈妈干活，它能得到什么奖励？
   宝宝回答：_____
2. 父母问：咪咪猫的课桌下面为什么有那么多垃圾？
   宝宝回答：_____
3. 父母问：如果你帮助妈妈干活，你会向妈妈要钱吗？为什么？
   宝宝回答：_____

守财奴的故事

嘻嘻猴在森林里经营着两家公司，经过多年的积累，它变得十分有钱，但它依然很勤奋，每天天蒙蒙亮就起来，拼命地赚钱，一刻也不停息，直到天黑了才肯回家休息。

可是，虽然嘻嘻猴十分有钱，但它总是吃粗菜淡饭，穿破旧的衣服，裤子都磨破了，也不肯再买一条，因为它每花一分钱都会心疼上好几天。

一天，松鼠妈妈来找嘻嘻猴，它可怜巴巴地说："嘻嘻猴，大老板，您发发慈悲吧，借给我一些钱吧，前些日子我的母亲在采松果的时候不小心摔断了腰，卧床不起。昨天我的孩子又发烧感冒了，我实在没有钱给孩子治病，求你帮帮忙吧。"

嘻嘻猴一听说要借钱，马上不高兴了，"我哪里有钱借你呀？你看我穿的裤子破了，都没有钱买一条。"

说完嘻嘻猴转身就要走，松鼠妈妈赶紧拉住了嘻嘻猴，"我求求你了，不然我的孩子会死掉的。"松鼠妈妈伤心地大哭起来，嘻嘻猴也跟

好父母都是故事大王

着哭起来，不过它可不是可怜松鼠，它是心疼它的钱。

嘻嘻猴回屋从保险柜里取出100块钱，从屋里慢慢地走出来，每走一步，它的心就痛一下，每痛一下，就从100块钱里拿出10块，等到走出房间，把钱交给松鼠妈妈时，只剩下了可怜巴巴的10块钱。

只见嘻嘻猴心疼地紧闭着双眼，带着哭腔说："你看我拿出我的全部家产了！你千万别跟别人说是从我这里借的钱，不然他们都会来找我的。"松鼠妈妈拿着10块钱，伤心地流着泪说："哎！就10块钱，这能帮上什么忙啊？真是个守财奴！"

考考你

1. 父母问：谁来和嘻嘻猴借钱，它为什么来借钱？

    宝宝回答：_____

2. 父母问：嘻嘻猴借给松鼠妈妈多少钱？

    宝宝回答：_____

3. 父母问：你认为嘻嘻猴是守财奴吗？为什么？

    宝宝回答：_____